学府遗珍

清末至一九五三年高校徽章集藏

徐一良 编著
徐小越 整理

生活·讀書·新知 三联书店

Copyright © 2018 by SDX Joint Publishing Company.
All Rights Reserved.

本作品版权由生活·读书·新知三联书店所有。
未经许可，不得翻印。

图书在版编目（CIP）数据

学府遗珍：清末至一九五三年高校徽章集藏 / 徐一良编著；徐小越整理. —北京：生活·读书·新知三联书店，2018.10
ISBN 978-7-108-06131-7

Ⅰ.①学… Ⅱ.①徐… Ⅲ.①高等学校-徽章-中国-近现代-图集
Ⅳ.① G649.28-64

中国版本图书馆 CIP 数据核字（2018）第 012035 号

责任编辑	曾　恺　唐明星
装帧设计	康　健
责任校对	安进平
责任印制	宋　家
出版发行	生活·讀書·新知 三联书店
	（北京市东城区美术馆东街 22 号 100010）
网　　址	www.sdxjpc.com
经　　销	新华书店
印　　刷	北京图文天地制版印刷有限公司
版　　次	2018 年 10 月北京第 1 版
	2018 年 10 月北京第 1 次印刷
开　　本	720 毫米 × 965 毫米　1/16　印张 23.5
字　　数	100 千字　图 489 幅
印　　数	0,001-5,000 册
定　　价	118.00 元

（印装查询：01064002715；邮购查询：01084010542）

前 言

这是本优秀的收藏类书籍。

第一是内容独有,以大学老校徽为专题颇有新意,有内容,有目光,是一个好的收藏题材。

第二是有丰富的文化内涵,读了有意犹未尽的感觉。从中看到了我国百年高等教育的历史,见到了大学校徽的变化,令人感慨万千。

第三是编排创新,实是展示大学老校徽,不像以往的图录,而是有对每个学校历史的简单叙述。在阅读时对这个学校有了一定的了解。并对相应的校徽做了一些介绍,乃是突出了徽章这个主题。

徐一良先生是一个收藏爱好者,从初中时开始集邮票,他收藏的中华人民共和国邮票,包括小型张、小本票几乎集齐了。他集藏外国钱币,曾是北京小花园最早集外币的人群之一。他的外币专题"手"在北京钱币协会是挂上号的。

他做事比较执着,要做就做出个样子。他在工作中也是这样,他获得过国家科技进步奖。

他在1998年突发灵感,开始集藏大学老校徽。从此他想方设法收集,为了一枚校徽经常联络藏友,少则几个月,多则几年,终于有了现在的成果。在开始收藏大学老校徽时,兼收者有人而专收者就他一个人,后来渐渐人多了，现在大学校徽的收藏已是新蕾绽放，人也多了，东西少价格高，尤其是优质校徽已是一徽难求了。在网上各地各种徽章活动中，大学校徽是一个重要项目了。

从清代、民国到1953年；从国立、省立、私立、教会的大专院校，到1949年中华人民共和国成立前后的军政大学、革命大学，其中不乏珍品、孤品。其中有闻名遐迩的京师大学堂、直隶法政学堂、西南联合大学、清华大学、北京大学、中山大学、复旦大学等，也有名声不大的学校，如章江法政大学、乡村建设学院等，它们都有一本可书写的历史。

在2008年北京奥运会前，《中国收藏》杂志刊登了徐一良先生的一篇文章《千枚大学校徽，百年高等学府》。这篇文章博得读者的赞扬，有一位网站版主、资深的徽章收藏家说："这篇文章好，我推荐了藏友阅读。"

徐一良先生于2013年和2014年连续两年参加了在北京报国寺文化市场举办的大学校徽展览，参加了2014年北京收藏协会在首都博物馆举办的北京收藏家协会成立二十周年精品展，还参加了2016年8月在天津博物馆举办的燕赵大地京津冀民间收藏文化展。大学老校徽登上了大雅殿堂。现在大学校徽是北京市收藏家协会的一个品牌。2016年徐一良先生被评为"北京收藏家协会先进个人"。

十八年收藏大学老校徽，不容易！有成就，点赞！他说：人来到世界，留下一点有意义的痕迹吧！

《学府遗珍》，是一本很好的收藏类书籍。

杜钰洲
2016.11.24

（杜钰洲，中国纺织联合会会长、中国服装学会会长）

目　录

前言　/ 1

一　清末至1912年高校徽章　/ 1
　　1. 北洋女师范学堂　/ 3
　　2. 中国教育会　/ 4
　　3. 京师大学堂　/ 5
　　4. 京师高等巡警学堂　/ 6
　　5. 京师公立职业学校　/ 8
　　6. 京师译学馆　/ 9
　　7. 三江师范学堂　两江优级师范学堂　/ 10
　　8. 上海理科专修学校　/ 12
　　9. 直隶法政学堂　/ 13
　　10. 湖南官医学堂　/ 15

二　1912年至1953年公立高校徽章　/ 17
　　1. 安徽大学　/ 19
　　2. 北京大学　/ 21

3. 北京师范大学　/ 24

4. 北洋大学　/ 27

5. 东北大学　/ 29

6. 复旦大学　/ 31

7. 国立广东大学　/ 36

8. 广东省立文理学院　/ 38

9. 广西大学　/ 40

10. 广西省立医学院　/ 42

11. 贵州大学　/ 44

12. 桂林师范学院　/ 46

13. 国防医学院　/ 48

14. 国立北平大学　/ 50

15. 国立广东法科学院　/ 52

16. 国立贵阳师范学院　/ 54

17. 国立湖北师范学院　湖北省教育学院　/ 55

18. 国立上海商学院　/ 56

19. 国立师范学院　/ 57

20. 国立台湾大学　/ 59

21. 国立西北大学　/ 60

22. 国立西北工学院　/ 62

23. 国立中央研究院　/ 64

24. 哈尔滨工业大学　/ 66

25. 河北农学院　/ 68

26. 河南大学　/ 70

27. 湖北省立农学院　/71

28. 湖南高等巡警学校　/73

29. 华北医科大学　/74

30. 暨南大学　/76

31. 江苏省立江苏学院　/79

32. 江苏医学院　/80

33. 江西师范学院　/81

34. 唐山交通大学　/82

35. 警官高等学校　/84

36. 空军参谋学校　/86

37. 昆明师范学院　/87

38. 劳动学院　/88

39. 临时大学　/90

40. 陆军大学　/92

41. 陆军预备学校　/96

42. 南京高等师范学校　国立东南大学　/97

43. 南京大学　南京工学院　/99

44. 南开大学　/101

45. 清华大学　/104

46. 厦门大学　/107

47. 山东大学　/109

48. 山西大学　/111

49. 上海军医大学　第二军医大学　/113

50. 上海纺织工业专科学校　上海纺织工学院

华东纺织工学院　/ 115

51. 上海交通大学　/ 117

52. 沈阳农学院　/ 121

53. 四川大学　/ 123

54. 台湾师范学院　/ 126

55. 同济大学　/ 128

56. 武汉大学　/ 130

57. 西安临时大学　/ 132

58. 西南联合大学　/ 134

59. 乡村建设学院　/ 137

60. 英士大学　/ 138

61. 云南大学　/ 139

62. 长春大学　/ 143

63. 浙江大学　/ 144

64. 中山大学　/ 146

65. 国立中央大学　/ 149

66. 重庆大学　/ 151

67. 福建医学院　/ 153

68. 湖南大学　/ 155

69. 西北农学院　/ 157

70. 北平交通大学　/ 159

71. 克强学院　/ 161

72. 河北省立女子师范学院　/ 163

73. 上海工业专门学校　/ 165

三 1912年至1953年私立高校徽章 / 167

1. 北平国医学院 / 169

2. 朝阳大学 / 170

3. 成华大学 / 172

4. 诚明文学院 / 174

5. 持志大学 / 176

6. 大夏大学 / 178

7. 大同大学 / 180

8. 东南医学院 / 183

9. 福建法政专门学校 福建学院 / 185

10. 光华大学 / 187

11. 私立广州大学 / 190

12. 广东国民大学 / 192

13. 汉口法学院 / 195

14. 弘达学院 / 196

15. 华北国医学院 / 198

16. 华侨大学 / 200

17. 孔教大学 / 202

18. 勉仁文学院 / 204

19. 民国大学 / 206

20. 南华学院 / 208

21. 南通学院 / 210

22. 上海法科大学 上海法学院 / 212

23. 上海法政学院 / 214

24. 同德医学院　/216

25. 五华学院　/218

26. 相辉学院　/220

27. 湘雅医学院　/221

28. 勷勤大学　勷勤商学院　法商学院　/223

29. 章江法政大学　/225

30. 中国大学　/226

31. 中国公学　/229

32. 中国国医学院　天津国医专修学院　/231

33. 中华大学　/233

34. 中华文法学院　/235

35. 珠海大学　/237

36. 岭南大学　/238

37. 中法大学　/239

四　清末至1953年教会学校徽章　/241

1. 东吴大学　/243

2. 辅仁大学　/245

3. 沪江大学　/247

4. 华西协合大学　/249

5. 金陵大学　/251

6. 津沽大学　/253

7. 铭贤学院　/255

8. 齐鲁大学　/257

9. 圣约翰大学　/ 259

10. 私立武昌华中大学　/ 261

11. 福建协和大学　/ 263

12. 重庆神学院　/ 265

13. 燕京大学　/ 266

14. 震旦大学　震旦女子文理学院　/ 268

15. 之江大学　/ 270

五　1912年至1953年大专学校徽章　/ 273

1. 白鹤健身学院　/ 275

2. 东南高级药科学校　/ 276

3. 东亚体育专科学校　/ 277

4. 光华医学专门学校　/ 279

5. 广东高等师范学校　/ 281

6. 广东省立海事专科学校　/ 283

7. 广东中医药专门学校　/ 285

8. 广州市立美术专科学校　/ 287

9. 国立宝鸡高级职业学校　/ 289

10. 国立察蒙师范学校　/ 290

11. 国立药学专科学校　/ 291

12. 国立艺术专科学校　/ 293

13. 河南公立法政专门学校　/ 294

14. 开封女子师范学校　/ 296

15. 上海税务专门学校　/ 298

16. 上海西服业裁剪学院　/ 299

17. 四川公立国学专门学校　/ 300

18. 四川留法预备学校　/ 302

19. 苏南工业专科学校　/ 304

20. 吴淞水产专科学校　/ 306

21. 西北艺术学校　/ 308

22. 浙江省立女子产科职业学校　/ 309

23. 中国新闻专科学校　/ 311

24. 中华工商专科学校　/ 312

25. 中央高等汽车专科学校　/ 314

26. 尊经国学专科学校　/ 315

27. 江苏省立女子蚕业学校　/ 317

六　1949年前后的革命学校徽章　/ 319

1. 福建人民革命大学　/ 321

2. 广西人民革命大学　/ 322

3. 哈尔滨大学　东北人民大学　/ 324

4. 湖北人民革命大学　/ 326

5. 华北大学　/ 328

6. 华北人民革命大学　/ 330

7. 华东大学　/ 332

8. 华东军政大学　/ 334

9. 华东人民革命大学　/ 336

10. 华东新闻学院　/ 338

11. 黄埔军校　中央陆军军官学校　/ 340

12. 第二野战军军政大学　/ 343

13. 南方大学　/ 345

14. 山西公学　/ 348

15. 西北军政大学　/ 349

16. 西南人民革命大学　/ 351

17. 西南人民艺术学院　/ 353

18. 中央军事政治学校　/ 354

19. 东北军政大学　/ 356

20. 广东革命干部学校　/ 358

21. 华北军事政治大学　/ 360

后语　/ 361

一　清末至1912年高校徽章

徽章是可以佩戴在身上的标记。现在常见的这种形式的徽章，仅有100多年的历史，起源于西方，也就是我国清朝后期。当时我国与外国交往日益频繁。在与不少国家交往中，国际上对外来使节、官员、友人等大都赠以勋章、奖章，以荣誉为主。拿破仑说过一句话："给我足够的勋章，我可以征服全世界！"其意明了。而清政府却是赠予黄马褂、顶戴、花翎或珠宝、钱币等实物，与国际上不同。后来清政府有关部门向朝廷上奏了有关勋章章程。此后勋章、奖章制度在清代后期实施了。开始也先用于勋章、奖章。

　　在清代大学少、学生少，徽章应用比较少。清代大学校徽做工考究，用银制作比较多，由于人们收藏徽章的观念比收藏钱币差很多，留存下来的校徽凤毛麟角，因而价格不菲，其中不少可谓孤品，成准文物了。

1.北洋女师范学堂

1906年年初北洋女师范学堂在天津创立（前身是北洋女子公学）。这是我国最早的公立女子高等学堂，校长是傅增湘先生，他响应废科举、办新学的教育理念，提倡办女学。学校在1912年至1945年几次改名，但性质都是女子师范院校。张伯苓、马千里、曹禺等曾在这里任教。邓颖超、许广平以及王光美的母亲董洁如等都曾在这里上学。现在该处是天津美术学院。

北洋女师范毕业典礼

这枚校徽是银质、双龙戏珠图案，精美大气、富丽厚重，是清代校徽的精品。这枚章曾为嘉德的拍卖品

2.中国教育会

1902年蔡元培与蒋智由、章太炎等人在上海组织了中国教育会。其目的是开办学校、培养人才。会长蔡元培,他称教育会是"上海之革命团"。这枚徽章是中国教育会的优等奖章,用于奖励中国教育会所办的爱国学社和爱国女学中的优等生。

这枚徽章提供了研究我国教育历史之实物。

这枚银章是1915年的奖章,长圆形,用银片冲制,高浮雕,上别针式,品相好,保存完整,很罕见

3.京师大学堂

1898年光绪皇帝批准成立了京师大学堂,是当时中国的最高学府,也是最高的教育行政机构。这是中国近代设立的第一所新型的国立综合性大学,京师大学堂的建立在我国近代史上具有重要的意义,标志着中国近现代高等教育的新起点。它在1912年改名为北京大学。

我国第一个公立大学京师大学堂有没有凭证式的校徽呢?这个问题确有资深的藏家通过多种途径查考过,还未发现有凭证式的京师大学堂的校徽。但也听说有人见过此种京师大学堂校徽,不知是真是假。

现在这枚京师大学堂徽章是学校成立后不久的一届体育运动会的奖章,从中可以见到清代校徽的风采!我以高价从藏家手中购得此章,因其罕见程度,众人称之为"大学第一徽"。

京师大学堂铜质珐琅奖章,圆形,二龙戏珠图案,两条龙灵动、对称、大气

4.京师高等巡警学堂

　　1901年清政府为了适应城市的管理，设立了京师警务学堂，由日本人川岛浪速全权管理。1906年清政府在与川岛浪速的合同到期时，收回了学堂的管理大权，并把学堂改名为京师高等巡警学堂，简称"巡警学堂"。从此学堂的行政权全部归于清政府委派的管理人员手中，日本教员人数大为减少，仅有川岛和少部分日本人留用。

　　京师高等巡警学堂的宗旨是培养高级的巡警人员，这是清政府新办的第一所巡警学堂。在这以后，天津、山东、湖南等地相继办起了巡警学堂。到1912年，京师高等巡警学堂前后共培养了1600多人，这对清末民初的警务管理有一定的贡献。

一 清末至1912年高校徽章

这枚铜质珐琅圆形的京师高等巡警学堂最优胜奖章，双龙图案，浅粉色，有时代的磨痕

5.京师公立职业学校

1907年9月15日京师督学局成立了京师初等工业学堂。1920年改组为京师公立职工工业学校。1923年改名为京师公立职业学校。1928年7月,改称为北平特别市公立职业学校。1930年1月,改名为北平特别市市立职业学校;12月,又改名为北平市市立职业学校。1933年10月,改为北平市市立高级职业学校。1936年,学校增设土木工程科。在历经多次调整后,于1952年土木科独立建校,成立北京市土木建筑工程学校。现在为北京建筑大学。

1920年铜质挂链式校徽

6.京师译学馆

1902年京师大学堂把原来的京师同文馆归入。1903年在北京北河沿购买房屋,设立京师译学馆。京师译学馆有英、法、俄、德、日五国语言文学科,学制五年。除外语外还有其他学科。1911年京师译学馆归入北京大学。

京师译学馆德文学生同班合影留念

这枚奖章是1907年京师译学馆举办的第一届运动会的奖章,为二等奖银质章,中间有盘龙和祥云图案。这也是我国比较早的大学章和体育奖章

7. 三江师范学堂　两江优级师范学堂

1902年清朝政府颁布《钦定学堂章程》，开始采用新学制。时任两江总督的刘坤一向朝廷上《筹办学堂情形折》，呈请在江宁设立师范学堂。1903年，新任两江总督张之洞创办的三江师范学堂开学。

1906年，因三江师范学堂名称意义不清楚造成许多纠纷，更名为两江优级师范学堂。1911年辛亥革命后，两江优级师范学堂停办。后来在原址设立了南京高等师范学校。

三江师范这枚缝制式校徽是银质、圆形，图案是二龙戏珠，中间有"三江"两字。这是现在所见我国最早大学凭证式校徽，品相完好，罕见

两江优级师范学堂全景

两江师范这枚校徽是银质薄片冲制而成,有高浮雕效果。为缝制式凭证校徽,椭圆形,左右各有一条龙,中间是"两江师范"字样。精美、品相完整,是1906年前后的凭证式校徽,少见。我是从嘉德拍卖所得

8.上海理科专修学校

上海理科专修学校是1905年建立的，当时理工科的学校仅有三所。上海理科专修学校在当时的法租界。现上海博物馆存有该学校办的刊物——《万有学报》。

这枚徽章的由来：2002年秋我朋友老孙到南京出差，星期天去夫子庙，看见街边有一个不大的地摊，有一些杂件，围着几个人。老孙上前一看，有一个人手里拿着一枚徽章，个大、品相好，是清代校徽，银质的。这个人和摊主在讨价还价，因钱相差比较多，这个人就把徽章放下了，老孙顿时顺手就拿了起来，一看是上海理科专修学校的徽章，问明价钱后，老孙不还价就付了钱，这时围观的人说：值了！

这枚校徽是典型的清代风格，长圆形，用银片深冲而成，有高浮雕的效果，徽章下部右边是龙旗，左边是校名，造型独特，品相一流，现仅见此枚

9.直隶法政学堂

在1900年前后袁世凯为了培养适应新政的管理人才，弥补以往选拔人才制度的缺陷和不足，提出对候补官吏进行培训。

1901年袁世凯任山东巡抚时上奏折提出了"教官吏"，即选派大臣出国考察取经,然后又奏请办理"课吏馆"和"教士馆",对候补官吏进行培训，要求学习政治、洋务、财赋、河工等，并能有专项论述，成为有能力的实用人才，以改变过去知文艺不懂政务的官吏队伍。

袁世凯任直隶总督以后，1905年他即把保定的课吏馆改成直隶法政学堂，各候补官员轮流到学堂接受为期两年的培训。1906年袁世凯亲拟章程，规定法政学堂以"改良直隶全省吏治，培养佐理新政人才"为目的，招收45岁以下的候补官员。

在1906年，即学堂成立一周年之际，学堂有四个班，200余人。法政学堂讲授的课程有大清会典、大清律法，还有国际法学、宪法学、政治学、民法学、刑事诉讼学、民事诉讼学、商学、财政学、裁判所构成法、警政学等十多个学科，这是我国设立的最早的法政专门学校。1905年，学务处奏请朝廷，通报各省设立法政类学堂，在有关奏折上指出："近日直隶议设法政学堂。所列科目颇为详备……拟请饬下政务处通行各省，并查取《直隶法政学堂章程》，参酌地方情形认真办理。"奏折得到光绪皇帝的批示认可。

直隶法政学堂成了光绪皇帝亲树的典范。

1911年直隶法政学堂更名为直隶（保定）法政专门学校。

1914年保定法政专门学校迁到天津。

这枚直隶法政学堂一周年纪念章造型独特，由四层银片组成花形，似菊花，这枚清代校徽，直径有六厘米多，正中间有"班长"两个字，在当时班长只有四位。110多年了，传世至今，非常完美，很是难得，原本就很少的班长徽，现在就更稀有，成文物了。

10.湖南官医学堂

1902年湖南巡抚俞廉三奏请朝廷创办湖南大学堂,同时在所附奏折中说:中华医学最精,以向来未应学科,逐渐失传,奏拟在省城长沙开设湖南官医学堂。同年春天巡抚发告招生,招收新生20名,不设条件限制,凡立志医学者可以到学务处报名,经过考试录取了20名学生。医学堂设在长沙西长街,租民房办学,学生头两年补习中学课程,再进入本科学习,1904年遵照章程将学制定为三年,学堂改名为官立湖南医学实业学堂,并由朱廷利任监督(后来是湘雅医学院创始人之一)。其拟增加招生,并改革课程。医学堂创办时仅有中医课程,主要内容是伤寒、金匮、内经、本草,现增加西医科,增设数学、物理、化学、生理解剖学等课程。到1909年第一班学生毕业以后,学堂因经费不足,请求改名为中等医学实业学堂,未获学部允许,医学堂停办了。第二期以后的学生就转入湖南优级师范学堂了。

湖南官医学堂仅毕业了一期学员,但学校影响比较大。湖南当时有法政学堂、巡警学堂、医学堂等大学堂,彰显湖南颇重视人才的培养。

由于官医学堂办学时间短,师生少,所以学校的徽章总量非常少,100多年来留存至今、品相完美的实在难得,至今未见第二枚!幸得。

学府遗珍

这枚 1902 年湖南官医学堂校徽设计大气，镏金，图案设计巧妙，中间设计为龙门，上书湖南官医学堂校名，在章下部左右两侧有鲤鱼图案，意为"鲤鱼跃龙门"；在龙门两侧有二龙戏珠图案，有时代特征。该章图案寓意吉祥，制作精良，有高浮雕效果，有品位，具有很高的艺术观赏和收藏价值

二 1912年至1953年
公立高校徽章

在民国时期，战争不断，政局动荡，但学校环境相对还比较稳定，在资产阶级的进步力量与具有初步共产主义意识的先进人士推动下，在五四新文化运动的大力促进下，民国的高等教育还是在举步维艰的处境中前进，获得了一定的发展。当时国立、省立院校有近80所，有北京大学、清华大学、中央大学、中山大学等，但规模多数比较小，无法与现在相比。这些学校大部分有校徽留存于世，尤其是规模较大、历时较长的学校留下的品种和数量就多一点，对于变动多、时间短的学校，校徽的数量和品种自然就少了。

那时的大学校徽品种比较多，式样丰富，尤其是纪念性质的徽章造型多样，材质在早期有采用银质的，制作精美，是上乘的工艺品。例如复旦大学1939年银质毕业纪念校徽、中山大学学生与教职员一对挂链式证章、暨南大学1946年银镏金奖学纪念章、广东大学1924年证章等。

1.安徽大学

1928年,于当时安徽省省会安庆市创建安徽大学。

抗日战争期间,因日军入侵,学校被迫西迁。1945年抗日战争胜利后,安徽大学在安庆市复校,定名为国立安徽大学。著名学者姚永朴、刘文典、王星拱、程演生、陶因、陈望道、丁绪贤、郁达夫、周予同、吕思勉、章益、周建人等均曾在安徽大学执教或主持校政。

1949年12月学校迁到芜湖市,与安徽学院合并,校名为国立安徽大学。1952年以后,学校迁至合肥,学校定名为安徽大学,是安徽省重点大学。

学校校训:至诚、至坚、博学、笃行。

1945年银质校徽

1950 年铜质教职员证章

1946 年铜质法学系证章

1945 年银质校徽

2.北京大学

　　北京大学,简称"北大",是在世界享有盛誉的著名高等学府。创建于1898年,当初名为京师大学堂,是中国近代第一所国立综合性大学,也是当时中国最高教育行政机关。1911年辛亥革命爆发,1912年学校改名为北京大学,校长是严复。1916年,著名教育家蔡元培出任北京大学校长,"循思想自由原则、取兼容并包之义",他对学校进行整顿和改革,使北京大学成为新文化运动的中心、五四运动的策源地。1937年抗日战争全面爆发,北大与清华、南开联合组建了国立西南联合大学。抗战胜利后,1946年北大返回北平复校。

1917年校长蔡元培请鲁迅
先生设计的北大校徽

1946年北大校徽

1950年国立北京大学学生证

1935年北大铜质校徽

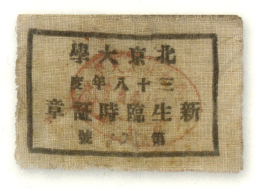

1949年北大布标

1952年北大布标

开启知识宝库的钥匙，
1928年前后北大银质
挂链式教职员证章

1946年北大毕业纪念戒指

3.北京师范大学

北京师范大学的前身是京师大学堂在 1902 年创办的师范馆。

1904 年,京师大学堂师范馆改为京师大学堂优级师范科。

1908 年,京师大学堂优级师范科改为京师优级师范学堂。

1912 年,京师优级师范学堂改为北京高等师范学校。

1923 年,北京高师改为北京师范大学,简称"师大"。

1931 年,北平师范大学与北平女子师范大学合并,称国立北平师范大学。

1937 年,卢沟桥事变,日本侵略军占领北平,北平师范大学迁到西安,与国立北平大学、国立北洋工学院组成西安临时大学。

1946 年到 1949 年称国立北平师范学院。

1949 年 9 月,北平改称北京,学校也相应改称为北京师范大学。

1952 年,全国高校院系调整,辅仁大学等院系先后并入北京师范大学。

校训:学为人师,行为世范。

1935年铜质校徽，木铎象征北师大

1946年铜质证章

1947年铜质证章

1949年铜质证章

学府遗珍

1930年女师范
铜质珐琅校徽

1935年铜质史地系证章

1924年铜质校徽

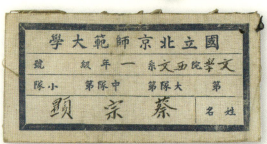
1949年北师大布标

4.北洋大学

北洋大学是中国近代第一所现代大学。北洋大学创建于 1895 年 10 月,曾用名有北洋西学学堂、北洋大学堂、北洋大学、国立北洋大学和国立北洋工学院,1951 年北洋大学更名为天津大学。

北洋大学堂的创建,不仅推动了我国第一个近代学制的产生,也为我国高等学校初创时期系统的建立起到了标杆作用,更重要的意义在于:它终结了中国千年封建教育的历史,开了中国近代教育的先河。

北洋大学创始人盛宣怀

1928年北洋大学北平大学区成立,这枚铜章是北平的北洋大学校徽,在章的背面有"北平"字样

1951年学生铜质证章

5. 东北大学

　　1922年，张作霖委派奉天省长兼财政厅长王永江筹建东北大学，将沈阳高等师范学校、文学专门学校合并为东北大学，1923年4月东北大学成立，王永江任校长。1923年10月东北大学开学。1937年学校改为国立东北大学。1938年因抗战内迁，东北大学进川。当时的办学条件非常艰苦，学校分散在各地上课。东北大学暂借四川三台县旧试院、草堂寺及县属联立高中为校舍，由此可见东大的自强精神。1946年学校从三台迁回沈阳，1949年3月，以东北大学工学院为基础建立沈阳工学院，后又于1950年与抚顺矿专、鞍山工专组成东北工学院，直到1993年才正式复名东北大学。现在东北大学是我国著名的重点院校。严谨的作风、学风、教风成为东北大学师生一贯的精神。

　　校训：自强不息，知行合一。

1946年铜质证章

抗战时在四川三台县的东大保联二校铜质证章，保联是当时的地方建制，这枚章属二分校

这枚徽章（正反面）是1923年东北大学成立后，学校早期的校徽。一面有"东北"二字及嘉禾图案，另一面是校训：知行合一。岁月流逝，校徽苍旧深沉，颇有纪念意义，稀有仅见

6.复旦大学

1905年,震旦公学因外籍传教士篡夺校权,学校发生了风潮,于右任、邵力子等学生脱离了震旦,拥护马相伯先生创办复旦公学,马相伯、严复、张謇、熊希龄等人积极筹建,在这年农历八月,复旦公学正式开学。1917年,复旦公学改名为私立复旦大学。

1941年,学校改名为国立复旦大学。1952年,定名为复旦大学。复旦大学享有"江南第一学府"的美誉。校名取自《虞夏传·卿云歌》中"日月光华,旦复旦兮",其意为自强不息、复兴中华。两句歌词冠名复旦、光华两个高等学府。

复旦的校训:博学而笃志,切问而近思。出自《论语·子张》篇,意思是:学识广博,坚守自己的志向,求教恳切,多考虑当前的问题,仁德就在这中间了。

1935年学生铜质证章

1928年银质挂链式证章

1935年教职员铜质证章

1925年学校铜质证章。"乙巳八月",即1905年9月,为学校的创立时间

1929年银质校徽,设计大方

1935年复旦30周年及毕业纪念章。整枚纪念章呈墨绿色,四个角的图案分别代表文学、化学、医学、法学,这是复旦最值得骄傲的四个系。徽章设计优雅大气

1939年银质毕业纪念校徽，中间是学校的圆形校徽，四周有学校的英文校名，是一枚精美的校章

1935年文学系银质证章。徽章的底部是两支笔交叉的图案，钢笔和毛笔象征着学贯古今的目标，上部有"中国文学系"字样，中间则是复旦经典的圆形校徽

1945年缝制式铜质校徽

1950年铜质校徽

1949年铜质校徽

1946年铜质校徽

二 1912年至1953年公立高校徽章

7. 国立广东大学

1924年2月广东农业专门学校、广东法科大学和广东高等师范学校联合召集会议，会议主要议程是筹建国立广东大学。在3月召开了第一次筹备会议，着重讨论国立广东大学筹建工作。为了保证筹建工作的顺利实行，孙中山先生亲自筹备资金。同年6月，孙中山先生特任命邹鲁为国立广东大学校长。

1924年9月国立广东大学正式开学。于1924年11月11日举行了国立广东大学成立仪式，这一天就定为国立广东大学的校庆日。

一年后，孙中山先生仙逝，廖仲恺提议将广东大学更名为中山大学，获国民政府批准。1926年7月，学校正式改名为国立中山大学，是广东省最高学府。

校训：博学、审问、慎思、明辨、笃行。

1925年广东大学医学院学生铜质证章

1924年挂链式证章，盾形、铜镏金，中间有"明德亲民，止于至善"警句，上有嘉禾图案。品相完整，珍稀

8.广东省立文理学院

广东省立文理学院的前身是广东省立教育学院。广州沦陷前,学生们正在中山大学参加省大学生军事训练。广州沦陷,学生一部分随集训队迁至连县,另一部分疏散回家,学校在1937年秋疏散到广西梧州市。1939年,再迁广西融县,师生员工陆续到达融县上课。1939年8月,学校返回广东,在乳源县建校。1939年冬,粤北发生战争,学校再迁到连县。1940年夏,学校改名为广东省立文理学院,院长由林砺儒担任。

1944年铜质证章

1943年教职员铜质证章

1946年铜质证章

二 1912年至1953年公立高校徽章

9. 广西大学

广西大学简称"西大",是我国南部边陲著名的高等学府,是广西教学历史悠久、院系齐全、规模最大、实力雄厚的综合性大学。90多年来,它扎根广西,并在广西成长,书写了一部充满开拓与奋进、荣光与理想的历史篇章。1928年,广西大学在梧州市创建,第一任校长是我国的著名教育家、科学家马君武先生。1939年被教育部认定为国立广西大学。1952年,毛泽东亲笔题写了"广西大学"校名。1953年,在全国高校院系调整中广西大学停办。

1958年,经国务院批准,广西大学恢复重建,学校现位于广西省南宁市,学校现在是"中西部高校综合实力提升工程"重点建设高校。

校训:勤恳朴诚,厚学致新。

二 1912年至1953年公立高校徽章

1945年铜质证章

10.广西省立医学院

1932年，北平大学医学院耳鼻喉科主任戈绍龙博士应广西省政府的邀请，抵桂林商议建设卫生设施以及培养卫生干部，筹办医学专院等事项。

1933年，省政府委员会会议决定建立省政府卫生委员会，负责筹办医学院，派雷殷、戈绍龙、雷沛鸿等为卫生委员会委员。

1934年，决定建立广西省立医学院，由戈绍龙等负责筹备，11月正式成立，戈绍龙为院长。学制本科六年；助产班修业三年，实习一年；护士班修业两年，实习两年。

1936年省政府委员会有关会议，通过《广西高等教育整理案》，决定将学院并入广西大学，更名为广西大学医学院。设本科、专修科及助产护士班。院址仍在南宁。省政府任命戈绍龙为广西大学医学院院长。1937年1月，广西省政府、第四集团军将医学院改组为广西军医学校。

1939年10月恢复为广西省立医学院，现在是广西医科大学。

二 1912年至1953年公立高校徽章

1934年双链挂式铜质校徽，品相完美

11.贵州大学

1902年,由贵州巡抚邓华熙在奏章中奏请设立贵州大学堂,此后邓华熙任命候补道尹嘉诏为监督,聘请周恭寿、廖杭等为教习。1904年贵州巡抚曹鸿勋对贵州大学堂进行整顿,将名称改为贵州高等学堂。1905年,分批派出20名学生赴日留学,由学堂周恭寿带队。这批赴日留学生中的尹笃生、周步瑛、王佩芬等人回国后推进新学,并在学堂任教,他们成了贵州大学早期办学的主要力量。同年11月,贵州高等学堂更名为贵州高等学堂预备科。1906年,时任贵州巡抚岑春蓂将贵州高等学堂预备科再整顿,改为贵州师范学堂。

1909年,贵州师范学堂改为贵州官立矿业中学堂,1912年5月,矿业中学堂停办。学生和教学设备、图书等资产归入贵州省立农林学校。1916年,学校改名为贵州省立贵阳甲种农业学校,1927年奉令停办,后并入新成立的省立贵州大学。

1942年5月,国民政府将学校定名为国立贵州大学。

1950年10月,教育部审定,将国立贵州大学改称为贵州大学。1951年11月,毛泽东亲笔题写了"贵州大学"校名。

校训:明德至善,博学笃行。

1945年铜质证章。此枚徽章白底绿字，三角形，上部有"国立贵州大学"字样；下部画有沧海、帆船、海鸟图案，配合白底绿字的设计，十分有意境

1942年铜质证章

12.桂林师范学院

　　桂林师范学院,筹建于1941年10月,当时名为广西省立师范专科学校,同年11月招生100余人,聘有教师20余人,校长是曾作忠。

　　1942年4月,广西省政府为了满足地方教育发展的需要,将广西省立师范专科学校改为广西省立桂林师范学院。

　　1943年8月,当时教育部决定将广西大学师范专修科并入桂林师范学院,并改名为国立桂林师范学院,直属教育部,负责培养西南各省的师资人才。在抗日战争末期的1944—1945年,学院的教师学生及家属带着一部分器材,于战乱中历尽艰辛,疏散、迁移到广西三江、贵州平越,直到抗日战争胜利才返回桂林。

　　1946年秋,当时教育部决定将桂林师范学院迁往南宁,1947年2月从桂林迁到南宁,1949年4月更名为国立南宁师范学院。

　　1950年并入广西大学,成立了广西大学师范学院。

1943年铜质证章

二 1912年至1953年公立高校徽章

13.国防医学院

1902年,北洋大臣袁世凯在天津海运局创立了北洋军医学堂,招收第一届医科学生。在1906年,学校更名为陆军军医学堂,并在1908年招收药科学生,首创中国药学教育。

1912年中华民国成立,学校改为陆军军医学校,由李学瀛主持校务。1928年北伐结束,学校隶属国民政府军政部,1929年由戴棣龄任校长,将医科学制由四年改为五年,增加医院临床实习时间,药科学制由三年改为四年。1933年后学校迁往南京,确定前陆军第三军医院校舍(北校),及前江苏省立工业学校为校舍(南校),低年级在南校上课,高年级在北校上课,由军事委员会军医设计监理委员会主任委员刘瑞恒兼任校长。

1936年因毕业生分配至陆海空三军,学校更名为军医学校,1937年校长由军事委员会委员长蒋介石兼任,实际校务由教育长张建负责。抗战时期,学校随战事演变几度迁址,1937年迁到广州,1938年日军在惠州登陆,以广西大墟为校本部与医科驻地,桂林为药科驻地,新并入的军医预备团以阳朔为驻地,以广西省立柳州医院为实习基地。1939年全校迁往贵州安顺,由军医署第十二重伤医院为教学医院并在西安、云南设立分校。1946年抗日战争胜利后到上海江湾,以上海市立医院及抗战时期之日本军医院为校址，与陆军卫生勤务训练所及军医预备团合并、组校。

1947年更名为国防医学院，原址现为中国人民解放军第二军医大学。

国防医学院1947年布标

1948年毕业纪念章

1948年学校证章

14.国立北平大学

1927年，北洋政府军阀相争，国库空虚，又各大学科院系都有重复，资源浪费，因而政府拟将北京九所国立大学合并为京师大学校。北伐完毕后，又拟将全国划分为数个大学区，各设一所大学，先在北平、江苏、浙江、广州试办，在北平，除先前北京的九所国立大学外，天津的北洋大学、河北保定的河北大学均在合并之列，预组成国立中华大学，遭到北京大学的抗议，后来组建了国立北平大学。

国立北平大学，是民国时期南京教育部设立的一个大学组合体，由隶属于一个校名的五个学院构成，它们是：工学院、农学院、医学院、法商学院、女子文理学院。抗日战争全面爆发以后，国立北平大学、国立北平师范大学、北洋工学院、北平研究院等内迁西安，成立西安临时大学，1938年改称国立西北联合大学。抗战胜利后，国立北平大学没有返回北平，留在了西安，现在的西北大学成为继承其主体的大学。

其医学院是创建于1912年10月，当时学校名为国立北京医学专门学校，1924年改名为国立北京医科大学，1927年更名为国立京师大学校医科。

1930年前后北平大学组合体的校徽,这枚铜质章很少见

1930年北平大学医学院铜质证章

15.国立广东法科学院

国立广东法科学院的前身是广东公立警监学堂,创办于1909年,学制两年,只办了一届就停办了。1913年10月,广东高等检察厅在原址上重办警察学校,定名为广东公立监狱学校。1923年,改为警监专门学校。学制预科一年,本科三年,招中学毕业生入学,校长林云陔。学生毕业后,委任为高级警官和司法行政人员。

1924年,孙中山在筹办黄埔军校的同时,把警监专门学校改为广东公立法官学校,培养行政、司法人才,委派廖尚果为校长,以光孝寺为校址。学制设特别科和普通科。不久,由曹受坤为校长,把特别科改为高等研究部,普通科改为专门部。培养高级法政人才。

因隶属关系的改变,校名几经改易。1926年改为广东省司法厅法官学校;1928年,又改称为广东高等法院直辖法官学校。校长先后是马洪焕、潘冠英、汪祖泽。1929年夏,经国民政府批准设为国立广东法科学院。

1934年谢瀛洲任广东高等法院院长,并兼任广东法科学院院长。

1935年铜质校徽

1930年校徽

二 1912年至1953年公立高校徽章

16.国立贵阳师范学院

国立贵阳师范学院创建于1941年，是当时全国仅有的八所国立师范类高校之一。建校初期，以夏元瑮、谭戒甫、尹炎武、王佩芬、谢六逸、朱厚锟、王克仁、李独清、李锐夫等为代表的一批知名学者到校任教，他们艰苦办学，为学校的发展奠定了扎实的基础。中华人民共和国成立以后，学校取名为贵阳师范学院，1985年学校改名为贵州师范大学。

贵州师范大学，坐落在有"中国避暑之都"之称的风景秀丽的贵州省省会贵阳市，是一所有特色的高等师范学校，是省属重点大学，入选国家"中西部高校基础能力建设工程"、教育部"对口支援西部高校计划"。

1945年铜质证章

17.国立湖北师范学院　湖北省教育学院

1931 年创立了湖北省立教育学院。

1944 年改称为国立湖北师范学院。

1949 年 8 月为湖北省教育学院。

1952—1970 年先后更名为湖北省教师进修学院、湖北师范专科学校、湖北省函授师范学校和湖北省教师进修学院。

1979 年更名为湖北省教育学院。

1990 年更名为湖北教育学院。

2007 年改制更名为湖北第二师范学院。

1945 年铜质校徽

1950 年铜质校徽

18.国立上海商学院

　　1921年南京高等师范学校改建为国立东南大学，其商科由南京迁至上海，成立商学院，定名为国立东南大学附设上海商科大学，为中国第一所商学院；1927年以后，随东南大学更名，商学院先后易名为国立第四中山大学商学院、国立江苏大学商学院。1928年，东南大学定名为国立中央大学，商学院更名为国立中央大学商学院。1932年，国立中央大学商学院独立，取名为国立上海商学院。1950年，学校易名为上海财政经济学院，著名经济学家孙冶方和姚耐为院长和副院长。1985年，易名为上海财经大学，陈云同志为学校题写校名。

1949 年铜质校徽

1933 年会计学系铜质证章

19.国立师范学院

1938年10月,国民政府教育部批准成立我国第一所独立的师范学院,校名为国立师范学院,光华大学副校长廖世承为院长,校址在湖南安化县蓝田镇。国立师范学院群英荟萃,众多知名学者汇集于此,其中有钱基博、钱锺书、储安平、皮名举、孟宪承、陈传璋、高觉敷等著名学者。

国立师范学院建立的初期设有文理七个系,后又建立若干专修科,至1943年已有学生700余人。1944年春,由于湘桂会战,日军攻占长沙和衡阳,学院迁至溆浦。1945年秋,日本投降,学院在湖南衡山复校。1949年11月,学院并入湖南大学。1953年院系调整,湖南大学撤销,以国立师范学院为基础组建湖南师范学院。1984年学校易名为湖南师范大学。

学府遗珍

1945 年铜质挂链式校徽

1953 年家属出入证布标

20.国立台湾大学

　　台湾大学于1928年成立,坐落于台北市,有"台湾第一学府"之美誉,是一所研究型的综合大学,其前身是台北帝国大学。1945年8月15日,日本投降,战争结束,学校易名为国立台湾大学。1949年,蒋介石到台湾以后,台大成了当时的"中央大学",为台湾地区受教育资助最主要的大学。

　　截至2013年,台湾大学校区分布台湾的台北、新竹、宜兰、云林和中部地区,学校占地总面积号称占台湾总面积的百分之一。

1949年台大法学院证章

1939年学生证章

21.国立西北大学

1902年陕西大学堂成立,在1912年称西北大学,1923年易名为国立西北大学。1937年抗日战争全面爆发后,国立北平大学、国立北平师范大学、国立北洋工学院等内迁到陕西,组成了国立西安临时大学,1938年易名为国立西北联合大学,1939年又称国立西北大学,现在是西北大学。

西北大学校训:公诚勤朴。

1935年证章

1945年证章

1934年证章

1934年工证

1936年证章

1950年证章

二 1912年至1953年公立高校徽章

22.国立西北工学院

1938年7月,国立北洋工学院、焦作工学院、北平大学工学院和国立东北大学工学院,在汉中组建了国立西北工学院。1946年学校迁至咸阳。1950年,学校易名为西北工学院。现在是西北工业大学,是我国重点大学,校址在西安。

1945年证章

1940年航空系证章。徽章中间为飞机图案,上面有"西工"字样,下面有航空系的英文缩写。整枚徽章底色呈圆孔钱币般蓝白相间,营造飞机翱翔于天际的意象

1940 年机械系证章

1940 年电工系证章。徽章黄底蓝字，中间有简明的闪电图案，象征电工系

23.国立中央研究院

1927年4月,李石曾提议设立中央研究院。5月决定成立筹备组,由蔡元培负责。7月改列筹设中的中央研究院为中华民国大学院的附属机关之一,10月大学院成立。11月20日,大学院院长蔡元培聘请王季同、张乃燕、杨杏佛等人,在南京召开了中央研究院筹备会议及各有关专门委员会的成立大会,并通过《中华民国大学院中央研究院组织条例》。

1928年4月,经国民政府修改组织条例。4月20日,国民政府委员会有关会议上任命蔡元培为中央研究院院长。6月9日,召开了第一次院务会议,这一天即为中央研究院成立纪念日。

11月,国民政府公布《国立中央研究院组织法》。规定:中央研究院直属国民政府,为全国最高学术研究机关。主要职责为实行科学研究,指导、联络、奖励学术研究。我国院士制度始于1948年,由当时的中央研究院评议选出。首届院士有81人。

二 1912年至1953年公立高校徽章

这枚徽章是铜质圆形、蓝底金字，设计稳重、有品位。在章的上半周顶高有"国立中央研究院"字样，这是民国时期最高学术研究机构。在章的下半周有十颗白色星，代表中央研究院由十个研究所组成。正中间白色菱形图案似罗盘指针，其意是引领科学和技术。菱形图案四周有"知难行易"四个字，与方孔钱上刻字的排列顺序一致，有中国含义，意味深远。这枚徽章从1928年至今有近百年的历史了，传世至今，品相完美，难得

24.哈尔滨工业大学

哈尔滨工业大学简称"哈工大",是由中华人民共和国工业和信息化部直属的理工类全国重点大学。

学校可溯源至1920年创办的哈尔滨中俄工业学校,建校初衷为培养铁路工程技术人才;而后历经中俄工业大学校、哈尔滨工业大学校、哈尔滨高等工业学校等多个阶段,学校在1938年1月正式定名为哈尔滨工业大学,沿用至今。

从1920年建校到中华人民共和国成立前,哈工大一直按俄式或日式办学,用俄语或日语授课。

1945年校徽,齿轮和铁砧分别代表机械、运输和工业,在红星照耀下前进的哈工大,书代表学习,上有哈工大的中俄文校名缩写字样

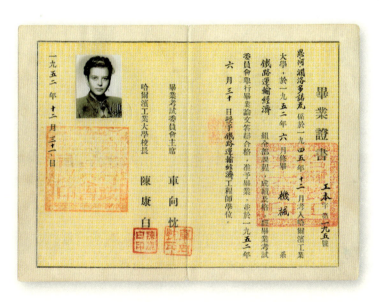

毕业证书和校徽同属一个人的，校徽是她1945年入学时颁发的

25.河北农学院

1902年,由直隶总督袁世凯上奏慈禧太后,创立直隶农务学堂,建校在保定霍家大院,是中国成立最早的高等农业院校之一。河北省建立最早的高等学校是河北农业大学校。

1904年,改名为直隶高等农业学堂,由清政府学部直接管理。

1912年,学校改为直隶公立农业专门学校。

1921年,驻保直系军阀曹锟奉北洋政府教育部命令,将直隶公立农业专门学校、医务学堂,还有法律、法政、高等师范等学堂合并,组成了河北省第一所综合性大学,即河北大学。校长由曹锟之弟——直隶省长曹锐兼任。当时的河北大学以农科为主,专业设置为农学、林学、园艺三个系,学制四年。

1931年,河北大学解散以后,省立农学院继续独立办学。

1958年,经省委批准河北农学院更名为河北农业大学。

现在是一所农林类综合大学,是"中西部高校基础能力建设工程"高校之一。

1945年校徽

1932年校徽

二 1912年至1953年公立高校徽章

69

26. 河南大学

河南大学,简称"河大",位于河南省开封市。1912年,以林伯襄先生为代表的一批河南籍教育家,在袁世凯和河南都督张镇芳支持下,在清代开封国家贡院旧址创办了河南留学欧美预备学校,与当时的清华学校和上海南洋公学成为三大留学培训基地。后来冯玉祥将军把学校易名为国立第五中山大学,后又先后更名为中州大学、国立第五中山大学、省立河南大学、国立河南大学、河南师范学院、开封师范学院、河南师范大学,1984年恢复河南大学校名。

校训:明德新民,止于至善。

1945年校徽

1945年校徽

27.湖北省立农学院

湖广总督张之洞于1898年上奏光绪皇帝，奏请兴办湖北省农务学堂。同年10月正式开学。

1903年扩建为湖北省高等农务学堂。

1912年，湖北省农务学堂易名为湖北甲种农业学校。于后，经历了1923年湖北第一、第二高级农业学校，1931年省立乡村师范学校，1933年湖北省立教育学院，1937年湖北省立农业专科学校，1940年湖北省立农学院，1950年湖北省农学院等。

1938年，侵华日军逼近武汉，学校西迁至恩施五峰山办学。

1945年，抗日战争胜利后，学校返回武昌。

校训：勤读力耕，立己达人。这训词来自湖北省立农学院国文教授朱再庵，在20世纪40年代为湖北省立农学院所写的校歌。

1945 年证章

28.湖南高等巡警学校

　　湖南高等巡警学校，原是 1905 年 7 月，湖南巡抚端方创办的湖南警官学堂。学校通过考试择优录取学士，共办了四期，300 多名毕业学生委派到各府、州、县任警务长，也有的任省城内外各区段巡警官。1908 年 10 月，学校改名为湖南高等巡警学堂，面向社会招生。第一期学员招收中学堂毕业生 120 名，学制三年。开设中国现行法制、大清违警律、行政法、大清律、国际私法、国际公法、警察章程、英语等 20 多门课程。学生毕业后，根据考试成绩给予不同等级的文凭，并按级分别任用，对成绩最差级的只给予修业证书。1912 年，学校改名为湖南高等巡警学校，招收中学毕业生入学，学制三年，1916 年学校停办。

1912 年银质校徽，呈十八边形，品相完美，中间十八星，下面双旗，是当时社会流行的标志图案

29.华北医科大学

白求恩同志牺牲以后,中国国民革命军第十八集团军晋察冀军区党委做出决定于1940年2月16日举行大会,特宣布将军区卫生学校更名为白求恩卫生学校。

1946年,更名为白求恩医科学校,校长张文奇。同年,学校易名为白求恩医科大学,校长殷希彭。

1948年,白求恩医科大学与北方大学医学院合并,改名为华北医科大学。

1950年,更名为中国人民解放军天津军医大学,校长周泽昭,隶属中国人民解放军总后勤部。

1951年,学校改名为中国人民解放军第一军医大学。

这枚医大校徽和照片是同属一个人的,照片摄于1949年6月1日

1948年铜质校徽

二 1912年至1953年公立高校徽章

30.暨南大学

　　1906年清政府创立了南京的暨南学堂。后来迁到了上海,1927年易名为国立暨南大学。抗日战争期间,学校迁到福建建阳。1946年返回上海。1949年8月被改为华侨高级学府,部分院系与复旦、交大等学校合并,暨南大学暂时停办。1958年在广州重建。暨南大学的校名出自《尚书·禹贡》:"东渐于海,西被于流沙,朔南暨,声教讫于四海。"原意是把声威教化传播到东、南、西、北四方,"暨"就是"及,到达"的意思。由于学堂以招收南洋华侨子弟就读为主,故取名"暨南",意指把教育传到南洋。

　　校训:忠、信、笃、敬。

1935年银质校徽

1946年银镏金奖学纪念章,上有校训和培养目标

1936年银质插入式校徽

1948年校徽

1934年法学士纪念章，
中间是学校徽标

1945年铜质证章

31.江苏省立江苏学院

　　江苏省立江苏学院,简称"江苏学院",其前身是苏皖联立临时政治学院。1940年,国民党第三战区司令长官顾祝同在福建武夷山筹建江苏大学,几经周折,教育部仅批准设立苏皖联立临时政治学院,由顾祝同担任院长。1941年学校易名为苏皖联立技艺专科学校。1942年,因浙东战事学校迁到福建三元。1943年易名为江苏省立江苏学院。1946年,学校迁至徐州。

　　1948年,奉顾祝同命令,学校迁到镇江。1949年,淮海战役结束,解放军南下,江苏学院院长徐镇南秉承顾祝同旨意,将学校迁到上海。1949年,上海解放,江苏学院由人民政府接管。中华人民共和国成立后,江苏学院停办,其各个系科并入了南京大学。

1946年铜质证章

32.江苏医学院

　　1934年,江苏省立医政学院成立,这是国内最早从事卫生事业管理教育的院校之一。校址在江苏镇江,陈果夫兼任院长,胡定安任教务长。1938年,因抗战学校迁至湖南沅陵,与南通学院医科合并,取名国立江苏医学院,胡定安任院长。1939年,学校迁到重庆。1946年,返回镇江。1957年,江苏医学院迁到南京,易名为南京医学院。1962年,被列为全国首批改为六年制的医药院校。1981年,被批准为全国首批博士、硕士学位授予单位。1993年,学校易名为南京医科大学。

1946年铜质校徽

1950年铜质校徽

33.江西师范学院

学校缘起于庐山白鹿洞书院,肇基于 1940 年组建的国立中正大学。1949 年,南昌市军管会接管中正大学。

同年 8 月,国立中正大学易名为国立南昌大学。1950 年,江西省人民政府批准将城东青山湖畔的千亩土地作为南昌大学校址。1952 年全国院系调整,南昌大学部分学院、系科陆续被调整到省内外其他高校。

1953 年,以调整后的南昌大学为基础成立了江西师范学院。1983 年学校改名为江西师范大学。

1953 年出入证

1953 年员工家属出入证

34.唐山交通大学

　　唐山交通大学建校于1896年,当时称为山海关北洋铁路官学堂,后来迁到唐山,更名为唐山路矿学堂。在随后的几十年里,校名几经更易,先后定名为交通部唐山工业专门学校、交通大学唐山学校、交通部唐山大学、唐山交通大学、交通部第二交通大学、国立唐山工学院、唐山铁道学院等校名,但习惯上称为"唐山交通大学"。1971年学校迁往峨眉山,后落户成都,于1972年学校定名为西南交通大学。

　　唐山交通大学是中国近代土木工程、矿冶工程、交通工程教育的发源地,为中国的近现代化建设培养了大批人才。民国著名学者、教育家吴稚晖先生曾经评论过:"中国真正能注重科学工程的学校,寥寥可数,而其中就有北洋、南洋和唐山,尤其是后者。"清华大学校史也记载:"清华工学院初创时,国内已有南洋、唐山及北洋诸校,工科教育已十分成功。"1916届毕业生茅以升以其在美国康奈尔大学的优异成绩,为所有唐山交大学子获取了免试入学攻读研究生的资格,从此唐山交大在国际声名鹊起,被誉为"东方康奈尔"。

　　校训:精勤求学,敦笃励志,果毅力行,忠恕任事。

二 1912年至1953年公立高校徽章

1945年铜质证章

35.警官高等学校

1917年,内务部警政司根据"专设警校,统一教育"的计划,建议设立警官高等学校。2月获准成立,是我国警官教育之始,学校在北平北新桥。自成立至1936年止,共有23期毕业生3000余人,分布全国。

国民政府前期,各省办理高等警察学校缺乏统一规划,办理高等警察教育的提议再次被提出。1936年,李士珍接任校长,并建议将警官高等学校改为中央警官学校,由蒋介石兼任校长,以期统一领导全国警察教育。1936年,《整理警政原则》出台,其中规定警官教育统一于中央警官学校。

同年,行政院同意警官高等学校与办得较有成效的浙江警官学校合并,成立中央警官学校,由蒋介石兼任校长,原警官高等学校校长李士珍任教育长。9月,中央警官学校在南京城郊新校址正式挂牌成立。蒋介石亲自兼任中央警官学校校长,直接参与学校的各项重大决策,每逢开学或毕业典礼,他都亲自到场并发表演讲。

1936年缝制式校徽

二 1912年至1953年公立高校徽章

36.空军参谋学校

1940年,由罗机主持创办空军参谋学校,在成都成立,并任空军参谋学校教育处长。在这期间,罗机为国民党空军培养、造就了大批专业人才。空军参谋学校人才荟萃,以后的国民党空军各级军官,大部分接受过他的培养。1946年学校迁到南京,1949年迁到台湾,1952年改名为空军指挥参谋学院,1962年合归到三军大学。

1941年飞行员的帽徽

1943年银质纪念章,中间是当时空军徽记,背面有"空军参谋学校毕业纪念"字样,品相一流

37.昆明师范学院

昆明师范学院,其前身是诞生于1938年的国立西南联合大学师范学院。1946年,组成西南联大的北京大学、清华大学、南开大学三校返回平津,师范学院留昆独立建校,取名为国立昆明师范学院,1950年易名昆明师范学院,1984年更名为云南师范大学。

1946年铜质证章

1946年铜质证章

38.劳动学院

随着省港大罢工的不断深入,中国共产党为了进一步推动广东工人运动的发展,提高工人们的觉悟及革命理论水平,争得罢工的全面胜利,1926年4月由中华全国总工会和省港罢工委员会研究决定,办一所新型的工人大学,以培养进行工人运动和工会工作的优秀人才,我国第一所工人大学——劳动学院诞生了。同年6月学校在广州东园举行开学典礼,院长由邓中夏担任,教务主任由李耀先担任。学员们白天罢工,晚上上课,学员由工会的领导人员和骨干组成,他们大多是共产党员。学校的理论课程内容丰富,主要由刘少奇、邓中夏、萧楚女等人讲工人运动的历史、省港大罢工、中国政治现状和世界工人运动等。

劳动学院共毕业了两届学生,到第三届刚开始就在广州"四一五"反革命屠杀中夭折了。学院历时一年,培养了一批有政治觉悟的工人运动的骨干成员,推动了广州工人运动的健康发展。

刘少奇、邓中夏誉称劳动学院为"工人阶级的最高学府"。

二 1912年至1953年公立高校徽章

1926年银质校徽,背面有"劳动学院"字样。这枚精致的校徽中的两个字母,由"劳动""学院"两个英文单词的第一个字母组成。品相好

39.临时大学

　　抗日战争胜利后,当时的教育部在 1945 年 9 月下令解散伪北京大学、伪中央大学和伪交通大学等,颁布了《沦陷区专科以上学校学生、毕业生甄审办法》,并于 10 月中旬,在北平、上海、南京、武汉等地设立临时大学补习班,规定原沦陷区在校学生先补习,再进行考试,对于已毕业的学生则需补交论文以及学习所规定的读书内容,写出心得体会,经审核通过方可获得合格证书。此事被认为有歧视沦陷区学生之意,引起沦陷区民众极大反应,后来教育部取消了甄审考试,改临时大学补习班为临时大学,让尚未毕业的学生继续学习。后全部并入国立北京大学。

1945 年武汉临时大学校徽

1945 年南京临时大学校徽

40.陆军大学

　　陆军大学是中国近代一所当时最高级的军事高等学校,学校培养团以上军官和师以上参谋长。

　　陆军大学的前身是 1906 年于保定创建的陆军行营军官学堂。1910 年改为陆军预备大学堂,隶属于军机处。1912 年,陆军预备大学堂迁至北京,定校名为陆军大学堂,改属参谋本部。1913 年学校命名为陆军大学校。1928 年 6 月,国民革命军占领北京,蒋介石恢复了陆军大学并兼任校长,并规定高级指挥军官必须经过陆军大学学习,培养运用军事政策的能力和战略能力。

　　陆军大学从 1906 年创始于保定,到 1949 年共有 44 年的历史,培养了(含短训班)3000 余人,共颁发了近 2500 枚证章。当时考入陆军大学的要求是很高的,等同清华大学、北京大学的标准。陆军大学对中国近代军事高等教育产生了一定的影响。

上面这四枚是1935—1945年陆军大学的铜质证章。交叉的教鞭是陆军大学的标志

这枚陆军大学毕业纪念徽章是1929年的徽章。在徽章背面注明是陆大特别班。

南京政府接管陆大后，蒋介石即亲自兼任陆大校长。当时正值蒋介石整军，为获得更多的高等军事人才，在培养规格上也有所更新，于1928年创设了特别班。主要招收军队中校以上、中将以下，年龄在45岁以内的军官。学校原有的课班改称为正则班。特别班的设立是陆大在培养规格上的一个重大变化，它使许多按原来的军事教育模式不接受高等军事教育的在部队中的高级指挥人员有了深造的机会，也有利于先进的军事学术在军队传播。

这枚纪念章形似勋章，个大，有三层，第一层银质，上面是徽记，中间是陆大的标记，两侧是嘉禾图案，第二层、第三层是铜质，四周光芒齿。该章厚重、大气，是纪念章中的佼佼者。特别班的就更少了。这枚徽章品相好，珍稀。这枚章是从台湾买的，据说原主人是一位高级将领。

这枚是 1928 年陆军大学学员证章。在陆大校徽中，圆形比较多，异形很少，这枚设计独特的徽章现仅见，尤其是品相如此好的更是难见

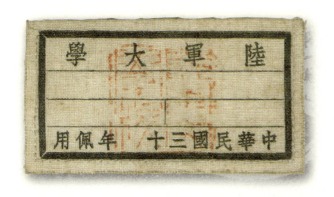

1941 年布标

41. 陆军预备学校

　　1903年，清军咨处招考一批报了名而没有参加科举考试的身强体健的考生和一部分中学堂学生，在全国开办了四所陆军中学堂。后来，将"学堂"改为"学校"，后又称为陆军预备学校。第一陆军预备学校设在直隶省昌平县，第二陆军预备学校设在武昌城，第三陆军预备学校设在广州城，第四陆军预备学校设在南京城。陆军预备学校的学习课程，有文化学科和军事科。学制为两年，毕业后分配到部队当兵六个月，入伍期满，直接升入陆军军官学校，如保定陆军军官学校等。

这枚徽章是第一陆军预备学校的校徽。时间为1912年，徽章中间是双旗，背面序号为2号，应为学校副校长所有。长圆形铜质挂链式，品相欠好，但字和图案可见。是一个历史的见证

42.南京高等师范学校　国立东南大学

　　1914年7月,江苏巡按使韩国钧委任江谦为校长,在原两江优级师范学堂校址筹建南京高等师范学校。1915年1月,江谦到任后,聘留美学者郭秉文为教务主任。1915年9月,南京高等师范学校开学,1918年9月,郭秉文出任南高师校长。

　　1920年4月,郭秉文在校务会议上提议在南京高等师范学校校址和南洋劝业会旧址的基础上创办一所国立大学,12月获国务会议批准成立国立东南大学。1921年6月,东南大学董事会成立,郭秉文任校长,9月开学,12月校评议会和教授联席会决定南京高等师范学校归入东南大学。后来国立东南大学更名为国立中央大学。

学府遗珍

这枚银质校徽是 1925 年前后的凭证式校徽

这枚银质校徽是 1918 年前后的校徽。铜质、挂链式，徽章外围呈正十二边形，中间有铜钟图案，图案四周有学校的中英文校名

43.南京大学 南京工学院

1949年4月23日南京解放,同年8月,华东教育部通知中央大学,将校名改为国立南京大学,1950年10月学校更名为南京大学。

1952年,高校院系调整,南京大学调整出工学、农学、师范等院系,保留文、理学院,同时主要吸收金陵大学文、理学院,成为文理综合性大学。以南京大学工学院为基础,并入其他大学有关专业,成立多科性的工业大学,学校取名为南京工学院。

1988年学校易名为现在的东南大学。

1949年铜质校徽

1951年南京大学校徽

20世纪50年代南工校徽

南京大学布标,是1950年学生临时出入证,在背面有"凭此证更换校徽"字样,后多用于更换校徽,所以稀少

44.南开大学

1919年,我国著名教育家张伯苓等人在天津创建了南开大学。开办初仅设文、理、商三科,招收学生不足百人,周恩来为文科第一期学生。

在建校初期,南开大学就开时代先声,实行男女同校。

1937年华北事变后,天津的形势非常紧张。7月中,日军进攻天津,南开大学惨遭日本侵略军狂轰滥炸,大部分校舍被炸毁。8月,南开大学与北京大学、清华大学组成长沙临时大学,三校校长梅贻琦、张伯苓、蒋梦麟为常务委员,共同主持校务。抗日战争胜利后,于1946年三校返回平津,同年南开大学改为国立,张伯苓任校长。

1949年1月,天津解放,南开大学开始了新的航程。党和政府非常关心南开大学的发展,周恩来多次去母校视察;1958年毛泽东等多位国家领导人莅临学校视察,这给南开师生们极大的鼓舞。

南开大学目前是国家重点大学。南开大学师生们秉承"允公允能,日新月异"之校训,发扬"爱国敬业,创新乐群"的光荣传统和"文以治国,理以强国,商以富国"的理念,正在向建成世界一流大学的宏伟目标前进。

1953年毕业纪念章

1925年银质校徽

1935年铜质校徽

1936 年铜质校徽　　　　　　1948 年暑期学员徽章

1952 年教师校徽

二　1912年至1953年公立高校徽章

45.清华大学

　　清华大学是中国著名的高等学府，坐落在京西北风景秀丽的清华园，是中国高级人才的摇篮和科学技术研究的重要基地。

　　清华大学的前身是清华学堂，成立于1911年，当初是清政府建立的留美预备学校。1912年更名为清华学校，1925年设立大学部，同年开办国学研究院，1928年更名为国立清华大学。1937年抗日战争爆发后，南迁长沙，与北京大学、南开大学联合办学，组建国立长沙临时大学，1938年迁至昆明，改名为国立西南联合大学。1946年，清华大学回迁清华园原址复校。

　　1952年，全国高校院系调整后，清华大学成为一所多学科的综合大学。今天的清华大学面临前所未有的历史机遇，清华人将秉承"自强不息、厚德载物"的校训，发扬"爱国奉献，追求卓越"的优秀传统、"行胜于言"的校风以及"严谨、勤奋、求实、创新"的学风。清华与北大、人大、北师大是北京市被列入"创建世界一流大学计划"的四所学校。

1930 年银质校徽

1945 年铜质证章

1927 年清华学校准考证

1946 年铜质证章

1931 年银质校徽

1950年国立清华大学学生证

1935年铜质证章

1935年清华机械系铜质证章

1947年家庭助理员铜质证章

46.厦门大学

　　1919年，陈嘉庚先生在上海聘任全国教育界知名人士蔡元培、黄炎培、余日章、郭秉文、胡敦复、黄琬、叶渊、邓萃英还有汪精卫等人为厦门大学筹备委员。1919年10月召开私立厦门大学筹备委员会第一次会议，制订《厦门大学组织大纲》，一致推举邓萃英先生为厦门大学校长、何公敢为总务长、郑贞文为教务长。1921年4月，厦门大学在集美学校举行成立庆典，学校取名为私立厦门大学。1921年7月，林文庆担任厦门大学校长。1937年7月，经陈嘉庚先生恳请，南京国民政府同意将学校改为国立厦门大学。

　　校训：自强不息，止于至善。

陈嘉庚先生

1945年铜质学生证章。城门意为广纳贤才，开放办学；三星代表中国传统哲学中三才：精神、宇宙、人类

1945年教职员挂链式铜质证章

47.山东大学

　　山东大学是中国高等教育发展早期成立的大学。其医学学科始于1864年，为近代中国高等医学教育历史之最先。其前身是1901年创办的山东大学堂，是继京师大学堂之后中国创办的第二所国立大学，也是中国第一所按规章办学的大学。从成立之日起，学校名称历经了山东大学堂、国立青岛大学、国立山东大学、山东大学以及由原山东大学、山东医科大学、山东工业大学三校合并组建的新山东大学等历史时期。100多年来，山东大学秉承"为天下储人才""为国家图富强"的宗旨，实践"学无止境，气有浩然"的校训，形成了"崇实求新"的校风，为国家和社会培养了40多万名人才，为国家和地区的发展做出了重要的贡献。山东大学目前是国家重点院校，是山东省第一高等学府。

1935年校徽

1935年山大机械系证章

48.山西大学

　　山西大学前身是创建于1902年的山西大学堂,其悠久的历史可以上溯至明代三立书院及清代晋阳书院和令德书院。早期的山西大学堂中西相融,文理并重,办学思路广阔,育人理念先进,是我国高等教育重要的发源地之一。1912年初改名为山西大学校,1918年定名为国立山西大学。1931年改名为山西大学。经过1952年院系调整,于1953年曾更名为山西师范大学,后于1959年恢复山西大学建制。1998年,山西大学成为山西省重点大学。2002年4月,山西大学成为山西省唯一的一所教育部所属重点大学。2005年5月,山西大学成为山西省唯一一所受山西省人民政府与教育部共同重点建设的省部共建大学。2012年,山西大学入选国家"中西部高校综合实力提升工程",跨入国家建设"有特色、高水平"大学的新里程。

　　校训:中西汇通,求真至善,登崇俊良,自强报国。

学府遗珍

1935年铜质挂链式校徽

49. 上海军医大学　第二军医大学

1947年，华东野战军卫生部医学院创建。1949年更名为中国人民解放军第三野战军卫生部医学院。

1949年华东医务干部学校创立，1949年9月正式开学。

1949年华东医务干部学校升格为华东医学院，于后华东医学院、第三野战军卫生部医学院、国防医学院（部分人员）、华东军区后勤卫生部医务干部轮训队合并，组建了中国人民解放军华东军区人民医学院。

1950年10月，易名中国人民解放军上海军医大学。

1951年7月，易名中国人民解放军第二军医大学。

1950年凭证式校徽，此学校名称仅用了九个月，此章少见

1951 年凭证式校徽

1953 年后的校徽

50. 上海纺织工业专科学校
上海纺织工学院　华东纺织工学院

　　1942年苏州工业专科学校的老校友在上海筹建上海工业专科学校，志在为纺织工业培养专业人才，得到了当时的纺织同业公会的资助，成立了以纺织实业家为主的校董会，组建了上海工业专科学校。1947年国民政府教育部将学校易名为私立上海纺织工业专科学校。

　　1950年6月，在华东军政委员会教育部和上海市人民政府的领导下，由华东纺织管理局主持，会同上海棉纺织业同业公会，将四所分散的私立纺织院校（私立中国纺织工程学院、私立上海纺织工业专科学校、诚孚纺织专科学校、文绮染织专科学校）合并，定名为私立上海纺织工学院。

　　1951年6月，上海交通大学纺织系、私立上海纺织工学院、上海市立工业专科学校纺织科合并建立华东纺织工学院。

　　从1952年到1956年，先后有六所校系调整并入华东纺织工学院。按并入时间先后，依次是：南通学院纺织科、武汉中南纺织专科学校、四川乐山技艺专科学校印染班、苏州苏南工业专科学校纺织科、上海华东交通工业专科学校机械科、青岛工业学院纺织系，学校由此成为中国规模最大的一所纺织高等学校。学校现名为东华大学，是国家重点建设大学，进入世界强校行列。

学府遗珍

1950年上海纺织工学院铜质校徽

1948年上海纺专校徽

1948年上海纺专学会证章

1951年华纺第一枚校徽

51.上海交通大学

上海交通大学是我国历史悠久、享誉海内外的著名的高等学府,是教育部直属并与上海市共建的全国重点大学。经过一个多世纪的奋进,上海交通大学已经成为一所"综合性、研究型、国际化"的国内一流、国际著名大学。

在19世纪末,民族危难。中国著名教育家盛宣怀和一批有识之士秉承"自强首在储才,储才必先兴学"的信念,于1896年在上海创办了南洋公学。建校开始,学校坚持"求实学,务实业"的宗旨,以培养"第一等人才"为教育目标,精勤进取,笃行不倦,在20世纪20年代已成为国内著名的高等学府。

1952年全国院系调整,学校调整了有关专业和师资设备,支持相关院校的发展。20世纪50年代中期,学校响应国家建设大西北的号召,根据国家要求,部分迁往西安,分为交通大学上海部分和西安部分。1959年3月两部分同时被列为全国重点大学,并独立建制,交通大学上海部分启用"上海交通大学"校名。

1930年银质校徽，铁砧、铁锤代表工程，齿轮代表机械、交通，书代表学习

1945年银质校徽

1946年凭证式铜质校徽

1930年运输系证章，火车代表运输

1930年纺织系证章,纺锭代表纺纱,网格代表织布

1935年运输系证章,飞翔的双翅意似前进

1950年校徽

二 1912年至1953年公立高校徽章

1931年工业管理系证章

1951年员工家属证章

52.沈阳农学院

沈阳农学院的历史可追溯到20世纪初我国农业教育的开始发展时期。1910年,当时的奉天省设立省立第一农科高级中学,1929年该学校改为东北大学农学院,1938年更名为奉天农业大学,1946年恢复为国立东北大学农学院。1949年8月,中共中央东北局和东北行政委员会正式决定,将由于战事原因于1948年迁往北平的东北大学农学院、长春大学农学院和中正大学农学院迁回沈阳,在塔湾成立沈阳农学院。1952年全国高校院系调整,中央决定复旦大学农学院迁往沈阳,与原沈阳农学院的部分专业合并,组建新的沈阳农学院,新校第一任院长由我国著名教育家、畜牧专家张克威教授出任。今天的沈阳农业大学是从1952年开始记述校史的,复旦大学农学院始建于1938年。"文革"期间,沈阳农学院受到严重破坏,分成五处,分散在辽宁各地。"文革"以后,学校才迁回沈阳原校。

学府遗珍

1949年铜质校徽

53.四川大学

1896年四川总督鹿传霖奉光绪帝圣旨创办以学习"西文西艺"为目标的四川中西学堂，这是当时四川唯一的省级新型学堂，也是洋务运动"中学为体，西学为用"在四川文化教育方面的产物。该学校学生毕业后由川督分配到新式中学堂任教。它与当时的北洋公学、南洋公学为相同层次的新式高等学校。

1931年，国立成都大学、国立成都师范大学、公立四川大学合并为国立四川大学，成为当时全国最早的13所国立大学之一。抗日战争期间，学校由于地处西南地区的中心城市，而且是抗战大后方，大师云集，学术繁荣，被列为当时的"国立十大学府"之一。

1952年全国院系调整，定名为四川大学，是我国文理综合大学。目前是我国重点建设大学。

校训：海纳百川，有容乃大。

1928年教职员证章,此徽章整体呈钟形,中间有"大学"字样,钟的两侧是高歌的凤凰。凤钟是四川大学的象征,代表中华文化传统凤凰涅槃

1928年学生证章

1932年铜质证章

1933年法政学院证章

1945 年化学系证章

1945 年法律系证章

1951 年教职员证章

1935 年学生证章

二 1912年至1953年公立高校徽章

54.台湾师范学院

台湾师范学院的前身是台湾总督府高等学校，创立于1922年，在1926年改名为台湾总督府台北高等学校，在日伪时期是一所大学的预备学校。

第二次世界大战以后，国民政府接收台湾，在1945年把台湾总督府台北高等学校改名为台湾省立台北高级中学。1946年，政府设立的台湾省立师范学院与台北高级中学合用校舍，后来台北高中停止招生，师院接收台北高中的校舍与设备。同时也便于师院毕业生实习与教育实验，1947年4月师院接收当时台湾省立台北的和平中学为附属中学，改名为台湾省立师范学院附属中学。在当时国立台湾大学、台湾省立师范学院、台湾省立农学院、台湾省立工学院为"台湾四大学府"。

1955年，台湾省立师范学院改名为台湾省立师范大学，成为台湾省最早的师范大学。

1946年铜质校徽,正中间是圆形的"台"字以及"师院"字样

1947年台师教育系证章

二 1912年至1953年公立高校徽章

55.同济大学

同济大学的前身是1907年德国医生埃里希·宝隆在上海创办的德文医学堂,翌年改名同济德文医学堂。1912年与创办不久的同济德文工学堂合并,易名为同济医工学堂。1924年正式定名为大学。1927年成为国立同济大学,是中国最早的七所国立大学之一。

1937年抗日战争全面爆发后,同济大学经过多次搬迁,先后辗转浙、赣、桂、滇等地,1940年迁至四川宜宾的李庄古镇坚持办学。抗战胜利后,1946年学校返回上海,此后学校发展成为以理、工、医、文、法五大学院著称的多学科的综合性大学。

1952年院系调整,同济大学原有的医、理、文、法、测绘、造船等优势学科相应支援其他高校,或整体搬迁内地。同时,全国十多所大学的土木建筑相关学科汇聚同济,使之成为国内土木建筑领域规模最大、学科最全的工科大学。现在是我国重点建设大学。

校风:严谨、求实、团结、创新。校训:同舟共济。

1946年教职员证章　　　　　　　1946年学生证章

1950年校徽　　　　　　　　1950年工厂工匠证章

二　1912年至1953年公立高校徽章

56.武汉大学

1893年清朝湖广总督张之洞在武昌创办了自强学堂。1913年民国政府决定在原址成立武昌高等师范学校。以后历经传承演变,数易其名,在1928年定名为国立武汉大学,是近代中国第一批国立综合性大学。1949年更名为武汉大学,是第一批重点大学,也被誉为"世界上最美的大学"之一。

武汉大学早期的徽章上,"武大"两个字是闻一多先生设计的。

1930年银质校徽

1935年工友证章

二 1912年至1953年公立高校徽章

1931年铜质挂链式校徽

1930年银质挂链式校徽

57.西安临时大学

1937年抗日战争全面爆发后，北平、天津被日本侵略军占领。

北平大学、北平师范大学、北平研究院和天津的北洋工学院等院校迁往西安，借用当时已迁校至西安的东北大学部分校舍，成立了国立西安临时大学。当时留在平津地区的许多师生，得知这个消息后，纷纷由各地赶来西安。

由于校舍紧张，西安临时大学的文学院在城隍庙后街，法学院在通济坊，理工学院则同东北大学在一起办学。学生们住的都是大通间的上下铺床，教师则自找民房分散居住在各处，有的教师暂时居住在招待所和饭店。不少教师往往要步行一二十里路去上课。学校缺少教学设备，经费非常紧张，没有图书馆，更没有体育场，实属战时流亡教育状态。但是在这种非常困难的条件下，学校仍然坚持正常上课，而且还特别编写了与抗战有关的课程，每个星期还邀请各界知名人士给学生做以抗日内容为主的报告。

1938年3月，山西临汾失守，日寇窜到风陵渡，潼关危急。同时，西安也遭到日机侵扰轰炸。国民政府教育部发来电令，命令西安临时大学迁到陕西汉中。西安临时大学成立不到四个月便在1938年3月改名为国立西北联合大学。1939年改为国立西北大学。现在西北大学是我国重点建设大学。

1938年证章,西安临大仅有的一种校徽

1938年学生证

二 1912年至1953年公立高校徽章

58.西南联合大学

1937年7月7日的卢沟桥事变,揭开了中华民族全面抗战的序幕。伴随着宛平城外的枪声,北平危急!天津危急!华北危急!在连天烽火中,北京大学、清华大学、南开大学遭到摧残。为了保存高等学府的实力,三校联合迁到长沙,组建了国立长沙临时大学。

1937年11月,国立长沙临时大学开学。不满两个月,南京又沦陷,武汉、长沙为之震惊。长沙临时大学被迫再度南迁昆明,组成了这个中国教育史上熠熠生辉的学校——西南联合大学。

大部分师生是经广州、香港乘船到越南海防,再转滇越铁路进入云南昆明。另有200多名同学,在闻一多、黄子坚、曾昭抡、吴征镒等十多位教师组成的湘黔滇旅行团带领下,风餐露宿,徒步行军3500里,历时68天,横穿湘黔滇三省,完成了世界教育史上一次罕见的远征。梅贻琦校长说:"这3500里路是考验和培养有用之才的一次最好的实践。"

西南联大由北大、清华、南开三校校长蒋梦麟、梅贻琦、张伯苓为常务委员,共主校务。1938年5月4日,西南联大在昆明开学,学生有3000人,规模之大,在抗战时期为全国第一,实为罕见。

西南联大会集了一大批著名专家、学者、教授,师资雄厚,人才济济,融合了北大的"兼容并蓄"之风、清华的"严谨求实"之风和南开的"活泼创新"之风。

抗日战争胜利以后，西南联合大学于1946年解散，三校分别迁回北平、天津复校。这里现在是昆明师范学院。

西南联大是中国现代教育史的骄傲！

西南联大白底证章，教师专用，稀有

西南联大咖啡色证章，学生专用

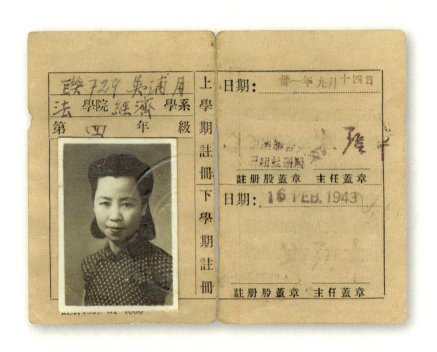

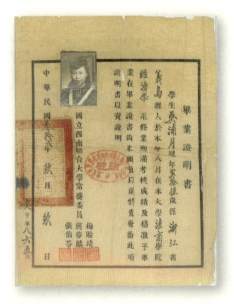

这张学生证是学生吴浦月的,她胸前别的是联大校徽

这张联大毕业证明书是学生吴浦月的。在证明书上有清华大学校长梅贻琦、北大校长蒋梦麟、南开大学校长张伯苓三位常务委员的印章。

吴浦月是吴晗的胞妹,吴晗是我国著名的历史学家,曾任北京市政协副主席、北京市副市长,曾为云南大学、西南联大、清华大学的教授。

59.乡村建设学院

中华平民教育促进会即"平教会",为了培养中国农业优级人才,于1940年在重庆北碚大磨滩创建了中国乡村建设育才院,校长是晏阳初先生。学校在1945年更名为中国乡村建设学院,是当时全国唯一培养乡村建设高级人才的学校。1951年改名为川东教育学院。1952年全国院系调整,学校并到西南师范学院,现在是西南大学。在20世纪40年代这个学校的学生在毕业前到平教会的试验区实习,毕业以后可以到这里工作,不存在就业的困难。学校成立十多年来,毕业生约有380人。

在我没有见到这枚校徽前,没有听说过这个学校,后来我查阅了资料才有所了解。20世纪40年代,我国还是一个农业国,是多么需要农业优秀人才,这个学校是多么接地气!现在西南大学仍设有中国乡村建设学院。

这枚1945年的铜质证章,在章的底部是一个"平"字,代表平教会,中间图案是建设乡村的人们,上面是学校名称。徽章是蓝底、红字、白边,显整洁

60. 英士大学

抗日战争爆发后,为了安置战地失学学生,浙江省政府于1938年开始筹备并成立了省立战时大学。为纪念先烈陈英士,1939年学校取名为省立英士大学,在浙江松阳、丽水设农、工、医三个学院。1942年学校迁到云和、泰顺。1943年,英士大学定名为国立英士大学,并将英士大学工学院分出,独立成为国立北洋工学院(后成为北洋大学,是现在天津大学)。后来,又将东南联大法学院与艺术专修科并入英士大学。抗日战争胜利后,1946年学校迁到金华。至1948年设立了法、农、工、文理四个学院,以及行政、财政、会计三个专修科,实力雄厚,超赶浙大。1949年夏天,英士大学由金华市军管会接管,并被解散,当时部分教职员到浙江大学任职,大部分学生转到浙江大学继续上学。这时英士大学已培养了毕业生千余人。

1939年铜质证章

61. 云南大学

云南大学原是 1922 年 12 月 8 日成立的私立东陆大学。1930 年改名为省立东陆大学。1934 年易名为省立云南大学。1937 年，熊庆来出任云南大学校长。1938 年，改名为国立云南大学。它是我国西南边陲最早建立的综合性大学。1952 年定名为云南大学。1978 年被教育部列为全国 88 所重点大学之一。1981 年，获得博士、硕士学位授权。1997 年，正式成为国家"211"工程首批建设的 61 所大学之一。

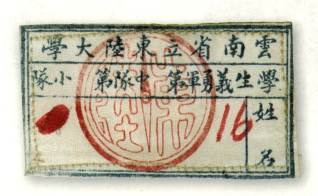

1934 年东陆大学布标

1945年教职员工证章

1946年云大证章

1938年校徽

1949年云大证章

1947 年教职员工证章

1947 年学生证章

有民族特色的 1948 年教职员工证章

二 1912年至1953年公立高校徽章

1952年云大证章

1948年学生证章

1952年云大医学院纪念章

1951年云大纪念章

62.长春大学

长春大学有着悠久的办学历史,这里过去是1938年伪满洲国最高学府"建国大学"的校址。1946年国民党统治时期在此设立长春大学农学院。1946年10月国民政府接收了在长春的"新京医科大学""新京工业大学""建国大学""中央师道学院""新京大同学院""新京女子师道大学""国立新京法政大学""新京畜产兽医大学""大同学院"等14所原伪满洲国大学合并组建成国立长春大学。

几经变迁,1987年,经国家教育委员会批准,由吉林科技大学、吉林机电专科学校、长春外国语专科学校、长春职业大学四所学校合并,组建成新的长春大学。

校训:知行合一,诚信至善。

1947年证章

63. 浙江大学

浙江大学是一所历史悠久、声誉卓著的高等学府,坐落在中国历史文化名城、风景秀丽的杭州。浙江大学前身是1897年创立的求是书院,为我国最早创办的高等学府之一。1928年,定名为国立浙江大学。抗战期间,浙大西迁,在贵州遵义、湄潭等地办学七年,1946年秋回到杭州。1952年全国高等学校院系调整时,浙江大学部分系并入兄弟院校,留在杭州的院系分别成立了浙江大学、杭州大学、浙江农业大学和浙江医科大学。1998年,同根同源的四所学校重新合并,组建成新浙江大学。一个多世纪以来,浙江大学以造就卓越人才、推动科学技术进步为目标,发扬校训"求是创新"的优良传统。浙江大学目前是我国重点建设大学。

红色是当时浙大的校色,飞鹰代表进取精神,"浙大"两字呈六边形,三小横条代表三民主义。此版校徽为校友卞华年所设计

抗日战争时期，国民政府注意到劳工福利能够为抗战造就有利的环境，有利于国民党统治，从而采取了一些提高劳工福利的措施。这版校徽以"劳工福利"字样取代了之前的三小横条，体现了其时代特征，也使得这枚特定时期的蓝色校徽很少见

20世纪30年代浙大工学院银链式证章

64.中山大学

1925年3月12日,孙中山先生逝世后,廖仲恺提议将国立广东大学更名为中山大学,10月获国民政府批准。

1926年7月17日正式更名为国立中山大学,成为广东省最高学府。现在是我国重点建设大学。

1928年铜质纪念章

1935年工学院铜质证章

1935 年法学院铜质证章

1936 年经济系铜质证章

1926 年教职员证章，此徽章大气华丽

二　1912年至1953年公立高校徽章

学府遗珍

1926年学生证章

1952年教师证章

1942年中山大学学生证

1935年研究生证章

65.国立中央大学

　　1927年6月,国民政府把东南大学与其他有关学校合并组建为国立第四中山大学,历时半年,在1928年2月改名为国立江苏大学,即遭到师生们强烈反对,仅维持了三个月,在5月更名为国立中央大学。在20世纪40年代是我国高等学校中规模最大的大学。

1946年校徽

1948年校徽

这枚（以上二图为正反面）是1928年铜质国立中央大学第一枚校徽，上有五色挂带，正面有"中央大学"四个字，周边嘉禾图案，背面双旗

1936年银质校徽

66.重庆大学

重庆大学坐落于美丽的山水都市——中央直辖市重庆，是中央直管、教育部直属的副部级全国重点大学，是国家"211 工程""985 工程"首批重点建设的大学。

1929 年，重庆大学创建。

1935 年，重庆大学更名为省立重庆大学。

1942 年，省立重庆大学更名为国立重庆大学。

1950 年，国立重庆大学更名为重庆大学。

1936 年学生证章

1945 年证章

1946 年证章

1948 年证章

1949 年证章

67.福建医学院

福建医学院前身是福建省立医学专科学校。1937年6月创建于福州。1938年6月，因抗日战争学校迁往闽北。同年8月，学校定名为福建省立医学院，学制六年，毕业生授学士学位。

抗日战争胜利后，学校返回福州，在省立医院和高级工业职业学校校址上重建校舍，医科学制为六年，医学专修科学制为五年。当时仅有基础学科教师不足20人，兼职教师数人。中华人民共和国成立前夕，基础学科仅有专任教师十余人，临床教师十余人，在校学生近300人。1949年前毕业生约280人。

1949年11月，福建省人民政府接办福建省立医学院，学校改名为福建医学院，学制五年。

学府遗珍

1946年学生证章

1946年教职员证章

68.湖南大学

湖南大学简称"湖大",学校在湖南省长沙市,由教育部、工业和信息化部、湖南省、国家国防科技工业局四方共建,是"211工程""985工程"学校,学校建有中国书院博物馆和国家超级计算中心,是一所综合类研究型大学。

学校可追溯至976年创建的岳麓书院,历经变迁,在1903年改为湖南高等学堂。1926年2月学校定名为省立湖南大学。1937年7月,学校改为国立湖南大学。1949年9月,国立湖南大学由中国共产党接管,并易名为湖南大学。学校历史悠久,有"千年学府"之称。

校训:实事求是,敢为人先。

校风:博学、睿思、勤勉、致知。

1941年校徽

学府遗珍

1937年挂链式校徽　　　　1935年银质毕业纪念章

1943年铜质校徽

69.西北农学院

1932年秋,筹建建设西北专门教育委员会成立,于右任等人为筹备委员,同年改名为建设西北农林专科学校筹备委员会,于右任、张继、戴季陶三人被推荐为常务委员,朱家骅、杨虎城、邵力子、辛树帜等人为筹备委员。

1933年,筹备委员会决定于右任先生为国立西北农林专科学校校长。

1934年,国立西北农林专科学校成立。

1938年,与国立西北联合大学农学院、河南大学农学院畜牧系合并,成立国立西北农学院。中华人民共和国成立后改名为西北农学院。

1985年学校易名为西北农业大学。

1999年并入西北农林科技大学。学校简称为"西北农大",校址在陕西省杨凌,是国家重点建设大学。

学府遗珍

1945年校徽

1946年校徽

70.北平交通大学

交通大学平院前身是1909年9月清政府创办的北京铁路管理传习所。

1912年，中华民国成立，学校隶属交通部，取名为交通部交通传习所。

1917年，交通部将学校扩充改组为北京铁路管理学校和北京邮电学校。

1921年，北洋政府把上海工业专门学校、北京铁路管理学校、北京邮电学校和唐山工业专门学校四所学校合并，取名为交通大学，下设京、沪、唐三校，在北京的学校取名为交通大学北京学校。第二年交通大学解体。

1923年，在北京的学校更名为北京交通大学。

1928年，国民政府取代北洋政权，北京改名为北平，6月，学校改名为交通部第三交通大学；9月，平、沪、唐三校再次合并组成交通大学。1929年2月平、唐两院独立，在北平的取名为交通大学北平交通管理学院；后又更为交通大学北平铁道管理学院。

卢沟桥事变后，学校南迁武汉后复校。1938年1月，交通大学平院并入迁至湖南省湘潭县的唐山工程学院，成为唐山工学院铁道管理系。

由于日军侵犯，1939年1月，学校被迫迁移至贵州省平越县。

1942年1月，学校改名为国立交通大学贵州分校（包括平、唐两院）。

1946年4月，原平、唐两院分离，原平院迁回北平，取名国立北平铁道管理学院。

1949年，北平和平解放。7月，铁道部下令国立北平铁道管理学院、华北交通学院与唐山工学院组建为中国交通大学。

1950年，政务院将中国交通大学改名为北方交通大学。

1952年，北方交通大学撤销，京、唐两院独立，北京的学校改名为北京铁道学院。现在校名为北京交通大学。

1930年校徽

71.克强学院

　　湖南省立克强学院成立于 1946 年 8 月,校址在衡阳市珠晖区原湖南南路师范学堂旧址,首任院长曾约农。

　　湖南省立克强学院是当时湖南省政府为了纪念国民党元勋黄兴(字克强)先生而创立的。1946 年 8 月,根据湖南省临时参议会的决议,将位于衡阳市南岳区原湖南省立工业专科学校、湖南省立商业专科学校、湖南省立农业专科学校合并成立三专联合校务委员会,1946 年 11 月,三专联合学校组建成湖南省立克强学院,1947 年春季开始招生。该院设有农林学、农业经济学、畜牧兽医学、矿冶工程学、水利工程学、建筑、农艺、化工、森林、工商管理十个系及植物病虫害、陶瓷等三个专修科;另设实习林场、牧场、农场、工厂、商店;以研究学术、培养农工商等专业人才为宗旨。

　　1949 年 10 月,湖南省立克强学院与其他几所院校合并为湖南大学,其更名为湖南大学农业学院。1951 年 3 月,学院从湖南大学分离出来,成立湖南农学院,毛泽东亲笔题写校名。1994 年 2 月,经国家教育委员会批准,湖南农学院升格为湖南农业大学。

学府遗珍

1946年铜质证章

72.河北省立女子师范学院

1906年由袁世凯委派的女学事务总理傅增湘,在天津倡办北洋女师范学堂,于6月13日正式入学。北洋女师范学堂为中国近代最早的女子师范学堂,随着中国近代教育的发展,办学规模逐渐扩大,校名几经更改。

1912年春,学校改名为北洋女师范学校。1913年又易名为直隶女子师范学校。1916年改为直隶第一女子师范学校。1928年改名称河北省立第一女子师范学校。1929年,为培养中学师资,经省政府决定,在第一女子师范学校内增设河北省立女子师范学院。1930年两校合并为河北省立女子师范学院。校训是:崇实、明理、守法、合作。

当代许多文学名家,如曹禺、萧乾、冯沅君等人都曾在女师任教,学院培养了大批的优秀人才,为国家教育输送了许多杰出人才。

1937年7月7日,抗日战争全面爆发。7月30日,日军对天津进行狂轰滥炸,女师校址被毁。后来女师用庚子赔款的退还部分内迁西安办学。在院长齐璧亭带领下,部分师生辗转西北,与北平大学、北平师范大学、天津北洋工学院等学校合并,在1937年9月组建国立西安临时大学。由于战乱,在1938年3月,西安临大南迁到汉中,并改名为国立西北联合大学。

1945年抗日战争胜利后,西北联大中的原河北省立女子师范学院返回天津复校。

1949年河北省立女子师范学院参与合并建立河北师范学院。

1930年女师学院徽章,整枚徽章呈正七边形,中间有太阳图案,四周有"女师学院"字样,品相完美,极其难得

73.上海工业专门学校

1896年南洋公学在上海诞生,它有师范、小学、中学、大学,这是上海工业专门学校的前身。学校的经费由官、民共同承担,所以是公学。

1905年公学由商部管,更名为高等实业学堂,学堂开设商务专科。

1906年学堂归邮传部,更名为邮传部高等实业学堂,学堂向工科方向发展。

1907年开设了第一个铁路专科。

1908年又开设了最早的电机专科。

1911年学校更名为南洋大学堂。

1912年学校由交通部管,易名为交通部上海工业专门学校。首次用学校称谓。

1918年学校增设铁路管理科,开了工管结合的先河,这是我国高等教育史的创举。

1921年交通部所属的分别位于上海、北京、唐山的三所学校统一取名为交通大学。本校定名为交通大学上海学校,增设机械科。

1922年学校又更名为交通部南洋大学。

1924年设立了中国高校最早的工业研究所。

1927年北伐胜利,北洋政府倒台,成立南京政府,交通部将南洋大学改为第一交通大学,将附中、附小剥离,另行组成南洋模范中、小学。

1928年设立铁道部,学校归铁道部,铁道部将上海、北京、唐山三地的交通大学合并,统称铁道部交通大学,三校分别名为:上海交通大学、北平铁道管理学院和唐山土木工程学院。

学校现在是上海交通大学和西安交通大学。

这枚1912年学校证章,圆形,铜质,中间有"上工"两字,外有齿轮图案,代表工科。徽章的四周是吉祥花纹,后来被上海、西安交通大学校徽沿用,100多年来保存完好

三　1912年至1953年
私立高校徽章

在民国初，百业待兴，急需人才，国家经费匮缺。许多仁人志士和社会团体在革命民主共和精神鼓励下，为培养国家栋梁集资出力，在政府鼓励下出现了兴办私立大学的热潮，促进了高等教育的发展。民国时期的私立高等教育在整个高等教育系统占有重要地位。它的发展始于清末，经民国时期逐步完善成为培养人才的一支不可忽视的力量。有中国大学、光华大学、广州大学、朝阳大学、大同大学等高校在内共计57所，占高等学校总数的三分之一。私立大学的校徽也是随着时间的久长和学校规模的大小影响了校徽留存的多少。早期的校徽材质或工艺比较好，有银质、银镀金、铜镀金、珐琅，甚至有镶嵌线的。到后来学校人数增多，校徽相对就简单了。到20世纪40年代后期还有用油漆的校徽了。

1.北平国医学院

1929年,"北京四大名医"之孔伯华、萧龙友先生联合京都中医界名流共倡设立北平国医学院。萧龙友任董事长,董事有杨浩如、张菊人、金书田、左季云、汪逢春、韩一斋、刘一峰等,公推孔伯华为院长。北平国医学院前后历时14年,共计招生13班(届),学员700余人,学员来自北京、天津、上海以及河北、安徽、山东等地,学制为四年,毕业后跟师实习一年,学校培养了大批高级中医人才。为了保证教学质量,学院聘请当时在京名医耆宿为师。北平国医学院是京都首创的中医高等学府。

中华人民共和国成立后,政府采纳孔伯华先生创办北平国医学院的办学资料,编写新中国的中医教学大纲,创办新中国的中医学院。

1930年铜质证章

2.朝阳大学

　　朝阳大学由法学界著名人士汪子建、江翎云、黄群、蹇念益等先生于1912年创办,是一所以法律、政治、经济等系为主的著名的法科大学。1930年12月在高等学校体制改革中,因只有一个法科而改称朝阳学院。但一直沿用朝阳大学印信,而人们也一直称其为朝阳大学。抗日战争时期,先后迁至湖北省沙市、四川省成都和重庆。抗战胜利后,迁回北平。1949年由人民政府接管,在原址建立了中国政法大学。次年2月,中国政法大学与华北大学、华北人民革命大学合并成立中国人民大学。这就是朝阳大学的历程。她虽是一所私立的法科大学,但享有盛誉,世称"南有东吴,北有朝阳""无朝(阳)不成(法)院"。它传播近现代法学、经济学、政治学和司法制度,是我国的法学摇篮之一。

三　1912年至1953年私立高校徽章

1935年铜质证章

1947年铜质证章

3. 成华大学

1937年8月13日，日本军队进攻上海。抗日战争全面爆发后，上海光华大学校长张寿镛鉴于抗战非短期内可以结束，与校董会商定，到四川设立分校。分校于1938年3月1日正式开学，校名定为"私立光华大学成都分部"。1939年学校由市内王家坝校址迁到西郊草堂寺西侧，这里因光华大学成都分部的迁入而称为"光华村"。

1945年秋，抗战胜利，光华大学上海本部立即复校。由于当时教育部有规定，大学不准在外永久设立分校，经上海校董会议决，将光华大学成都分部由四川省地方人士接办，并将校产全部奉赠，定新校名为"私立成华大学"。成都分部学生对更改校名感到不满，引发学潮。同年12月10日，教育部派人视察成都，与学生代表商定，凡不愿改作成华大学之学生，均准在成华大学借读，将来仍由光华大学给予毕业证书，学潮平息。

1946年2月1日设立光华大学成都分部结束办事处，学校正式改组独立，聘请王兆荣为成华大学第一任校长，并与上海光华大学成为兄弟学校。

1952年9月，成华大学与西南其他高等院校的财经专业合并，成立四川财经学院，1985年11月易名为西南财经大学。

1946年证章　　　　　　　　　　　1947年证章

1951年会计系证章

三　1912年至1953年私立高校徽章

4.诚明文学院

1926年,江苏省省长韩国钧、民政厅长胡朴安、《新闻报》秘书王蕴章等在原上海南市老西门大吉路创办正风中学。

1928年改称为正风文科大学,学校迁至沪西极司非而路。1929年迁到胶州路,易名为正风文学院。1932年教育部批准立案。1934年迁入交通路建造校舍。1937年抗战全面爆发,学院迁至爱文义路。1938年又迁大通路。1939年迁到江西路。1938年起由蒋维乔任院长,1940年改名诚明文学院。1943年4月学校部分内迁到江西省上饶市。在上海的继续上课,为对付敌伪的干扰,对外称为成民文商学院。1945年抗战胜利后赣沪两院会合,统一称诚明文学院。

学院设有教育学系、商学系、中国语言文学系、外国语言文学系四个系,国学、商学两个专修科,每系开课50多门。1949年国学专修科、商学专修科分别改为国文、会计专修科。1950年增设合作专修科。修业年限本科四年,专科两年。

1951年,诚明文学院、上海法政学院、上海法学院、光夏商业专科学院、新中国法商学院、新中国学院六所私立高等院校合并成立私立上海学院。1952年院系调整,学校有关的系、科分别并入复旦大学、上海财经学院等校,上海学院停办。

1950年校徽

三 1912年至1953年私立高校徽章

5.持志大学

　　1924年，何世桢辞去上海大学有关的职务，继承他祖父何芷舠的遗志，启用何芷舠留存的资金，与其弟何世枚在上海体育会西路兴办私立持志大学。校名出自何园主人何芷舠的别字"汝持"。但推其出处，应出于南宋理学家朱熹提出的"六大读书法"，即循序渐进、熟读精思、虚心涵泳、切己体察、着紧用力、居敬持志。所谓"居敬持志"，就是说读书时必须专心致志，持之以恒。何世桢、何世枚郑重地将何芷舠尊为创办人，其父何声焕为继志创办人，何世桢担任第一任校长职务，何世枚任副校长兼教务长。因校长政务繁忙，校务大多由何世枚承担。持志大学就是今天上海外国语学院的前身，可以说何氏一家为中国教育事业的发展做出了杰出的贡献。当时的政界要员和社会文化名流如居正、于右任、蔡元培、孙科、何应钦、刘海粟等人都曾为持志大学写过题词。于右任亲题"成德达才"，何应钦的题词"与年俱进"，蔡元培书写"进德修业"。

　　校训：敬业乐群。

三 1912年至1953年私立高校徽章

1935年政经系毕业纪念章。飞翔的雄鹰，代表着祝愿同学们远走高飞

6.大夏大学

1924年，厦门大学300多名教师和学生因学潮离校奔赴上海，当时刚卸任的原国民政府交通部长王伯群和厦门大学教授欧元怀、王毓祥、傅式说等人共同成立了大厦大学筹备处。"大厦"即"厦大"之反读，后来取"光大华夏"之意定名大夏大学，聘马君武为校长，王伯群任董事长，成为当时的一所私立综合性大学。

学校提倡苦教、苦学、苦干的"三苦精神"，校训：自强不息。

大夏大学当时的校董有：吴稚晖、叶楚伧、邵力子、张嘉森、马君武、汪精卫、傅式说等。教授更是囊括：邵力子、郭沫若、田汉、马君武、何昌寿、何炳松、李石岑、朱经农、程湘帆等。甚至当时炙手可热的杜月笙也曾屡次资助大夏大学，可见大夏当时的盛况。雄厚的办学实力，使当时的大夏大学享有"东方的哥伦比亚大学"之美誉。1952年院系调整大夏大学被撤销，学校各系归并到有关高等学校。原校址现在是华东师范大学。

1936年证章

1939年6月1日立校15周年纪念章，图意为乘风破浪向前进

1946年教职员证章

1951年学生证章

1946年学生证章

三　1912年至1953年私立高校徽章

7. 大同大学

1911年，北京清华学堂（清华大学前身）教师胡敦复、吴在渊、平海澜、朱香晚、顾珊臣、张季源、顾养吾、郁少华、华绾言、赵师曾、周润初等人，成立了立达学社，意在兴办教育，培养人才。同年11月，因不满清华学堂外国主事者的办学方式，陆续来沪筹办学校。

1912年3月，立达学社同人捐款在上海南市肇周路创办大同学院。

1914年1月，大同学院迁入南车站路自建校舍上课。1922年9月，大同学院经批准，改称为大同大学。

1952年10月，全国高校院系调整，大同大学被撤销，各系并入相关学校，原址现为大同中学。

1925年银质校徽，中间是学校徽记，下边是校训：进德修业

三 1912年至1953年私立高校徽章

1928年校徽

1935年电机系证章

1951年毕业证明书

学府遗珍

1946 年证章

1950 年证章,图意为光明照大同

1951 年学生证章

8.东南医学院

1926年，郭琦元、汤蠡舟等在亚东医大的校址上创办东南医科大学。1928年，杭州广济、苏州医大和广州中法三所医学院先后改组，大批学生进入东南医大。1932年，学校改称为上海东南医学院，在教育部正式备案。学校迁到上海真如，原校址改为东南医学院附属医院。

1937年，抗日战争全面爆发，这时，眼科专家张锡祺教授任院长，病理学专家叶曙任教务长，他们依靠部分教授及上海、青岛等地的校友，筹集资金，张锡祺还以自己办的上海光华眼科医院的收入贴补学校，使学校在艰难的情况下，得以生存。抗日战争胜利后，学校迁至上海制造局路。

1949年5月，上海解放。东南医学院响应中共中央华东局发出的"面向农村、面向内地"的号召，在当年年底迁到安徽怀远县，成为安徽省第一所高等医科学校。1951年6月，华东卫生部批准将学校由私立改为国立，学校直属卫生部领导。

1952年，学校从怀远迁到安徽省合肥市，10月学校易名为安徽医学院。现在是安徽医科大学。

学府遗珍

1947年东南医学院在上海时的证章

这枚1949年迁校纪念章中间有书本图案，上有"沪、皖"二字，字中间画有箭头，象征着办学地点从上海迁到安徽，徽章右上部有十字架图案，下刻有时间1949年12月。徽章外围有齿轮和麦穗图案，象征着中国共产党的领导。近70年了，保存完美，难得

9.福建法政专门学校　福建学院

1911年，私立福建法政学堂正式成立。校址在福州乌石山西北。1912年，改称为私立福建法政专门学校。1913年，经民国政府教育部批准立案。1914年，经司法部认定。

1925年，私立福建法政专门学校改名为福建大学。1927年，又恢复称为私立福建法政专门学校。1929年国民政府教育部正式规定废止专门学校，私立福建法政专门学校再次改成私立福建学院。1932年，福建学院获得批准。

1951年，私立福建学院停办，商科等四个系归并到当时的福州大学，组成福州大学财经学院。

1953年9月，福州大学更名福建师范学院。

1972年，福建师范学院更名为福建师范大学。

1915年校徽

学府遗珍

1933年法律学会徽章

1934年校徽

1928年银质校徽

1933年法律学会徽章

10. 光华大学

　　光华大学成立于1925年6月3日，由数百名脱离教会学校上海圣约翰大学的爱国师生组建而成。

　　1925年5月，上海日本纱厂资本家枪杀中国工人顾正红，激起了上海各界人民群众的极大愤慨，纷纷集会抗议，遭到帝国主义分子的血腥镇压，酿成震惊全国的"五卅惨案"，中国人民奋起反抗，掀起了大规模的爱国反帝运动。当时，上海美国教会办的圣约翰大学及其附属中学的华籍师生，积极声援爱国反帝运动，遭到校方的阻挠，导致师生们群情激愤。6月3日，圣约翰大学及附属中学学生550多人以及全体华籍教师20人，集体宣誓脱离圣约翰大学，十多名应届大学生不接受圣约翰大学颁发的毕业文凭。6月4日，离校师生集会，商议之后的事情。他们的反帝爱国行动，得到了学生家长和社会各界的广泛同情和支持。经过各方的努力，新学校很快就组建了，校名为光华大学，取《卿云歌》中："日月光华，旦复旦兮。"其意是自强不息，复兴中华。以日月卿云为校旗，红白为校色，校训是"格致诚正"四个字。原址现为东华大学。

1930届毕业纪念章,中间银飞马和旭日象征飞跃向上。这枚章大气、精美,是校徽中的上乘精品

1935年证章

1935年证章

1946年证章,中间为校训:格致诚正

1947年证章,红白校色　　　　　　　　　1940年证章

1935年工商管理系银质证章

三　1912年至1953年私立高校徽章

11.私立广州大学

私立广州大学成立于1927年3月,由陈炳权、金曾澄等人创办。私立广州大学成立初期,设文学院、法学院和预科。不设校长,采用委员制,由陈炳权任主任委员兼教务主任;王志远任委员兼训导主任;陈友琴任委员兼总务主任;马洪焕、陈嘉霭任委员,主持校务。后来改校长制,金曾澄任校长,陈炳权任副校长。1937年抗日战争全面爆发后,学校辗转于多地办学。1945年8月,抗日战争胜利,私立广州大学返回广州,在原址复课。

1951年年初,私立广州大学与国民大学、文化大学、珠海大学、岭南大学、广州法学院、南方商业专科学校合并改组为华南联合大学。1983年,广东省人民政府批准筹建新的广州大学。

1935年证章

三　1912年至1953年私立高校徽章

1928 年双链挂式校徽

1936 年证章

1946 年计政系证章，中间是学校徽记，正中是校训：博学笃行

1947 年校徽

12.广东国民大学

在上海"五卅惨案"之后,广州爆发了"沙基惨案",爱国的青年学生从省港洋人创办的学校愤而走出,汇集在广州国民政府及当时执政的国民党党部门前,要求创办中国人自己的大学。当时国民革命政府刚成立不久,百废待兴,无余力去顾及办学。在这困难时刻,孙中山先生的忠实拥护者和战友陈其瑗挺身而出,大声疾呼:"我们决不能辜负这些热血爱国青年的殷切期望,我们一定要想办法解决莘莘学子的正当要求!"

前后仅三个月的时间,陈先生等人就完成了立案报批、组织班子、租赁校舍、聘请教员、招考学生等工作。1925年10月,广东国民大学就在珠江河畔正式开学,并举行了隆重的开学典礼。国民大学的校名是陈其瑗定的,开会讨论时,他说,孙中山先生致力国民革命,我们就是为国为民培育革命人才,所以就叫国民大学。1952年在全国院系调整中学校被撤销了,有关的系并入了相关的大学。

1946年教职员证章

1947年教职员证章

1935年毕业纪念章

1950年校庆纪念章

三 1912年至1953年私立高校徽章

学府遗珍

1933 年校徽,"钟"与"诚"是国民大学的标志

13.汉口法学院

汉口法学院，又称汉口法政学院或私立汉口法学院，是 1947 年至 1949 年间于中华民国汉口市设立的一所法学院。开始称湖北法学院，原是湖北高等法院首席检察官所创办。该学校于 1949 年被合并入武汉大学。

1946 年证章

1947 年证章

14.弘达学院

弘达学院现为北京市二龙路中学,是一所具有光荣传统的古老而又年轻的学校。1922年秋,面对东北正在被帝国主义列强瓜分的局面,有感于当时"社会腐败、学风飘荡、学校内容更不堪问"的时政,立志"以平民地位,不假官势,不仰国帑,举办教育,为国立不拔之基"的几位东北籍教职员和毕业生,愤然创办了私立弘达学院。弘达学院最初租用西单灵境宫31号民房为校址,1928年迁入西单新皮库胡同13号,即现在的大木仓胡同39号,其原址为清朝郑王府花园。弘达的校训是"诚恒",含义是:修身在诚意,治学贵为恒。弘达校歌中"弘我志兮达我愿,男儿报国立志坚"两句,集中体现了师生们的爱国主义思想。当时学校高薪聘请名教师来校任教,加之热血青年的报国志向,所以教学质量较高。

弘达学校中共地下党的力量一直十分活跃。建校初期,李鹏委员长的父亲李硕勋烈士就读于此。他是我国早期青年学生运动的杰出领袖,参加过"五卅运动"和南昌起义,曾任我党中央军委委员、中共两广省委书记,1931年牺牲于海南岛海口市,年仅28岁。

三　1912年至1953年私立高校徽章

1925年铜质珐琅校徽，中间有学校徽记，下为嘉禾图案

15. 华北国医学院

华北国医学院由施今墨先生创办于20世纪30年代初,校址位于北京西城区大麻线胡同。施先生创办的这所新型的中医高等学府,汲取了西医学院式教育之长,改变了中医"师承家传"的传统带徒形式,为近代中医高等教育的发展做出了重要贡献。

1931年,当时担任中央国医馆副馆长的施今墨先生,与医界著名人士一起,首先组建了北平国医学院。1932年春,又同魏建宏、刘肇甄等人一道,另建了华北国医学院,施今墨先生任院长,魏建宏任教务长。担任教授的有杨伯澄、朱壶山、施光致、陆湘生、刘砥中、张瑞祺等先生。著名中医学家周介人、赵炳南、方伯屏等,以及西医专家姜泗长等,也曾在该校任教。

当时,中医正处于生死存亡的危难关头。外来的西医西药不断冲击着中医,而那时的政府又不重视中医,使中医成了可有可无的附庸。施今墨先生深切地感到,要使中医得以生存和发展,唯有振兴中医教育,提高中医的学术水平。

华北国医学院创立时的宗旨,是学习借鉴现代科学方法,研究整理中医遗产,发展国医教育,培植专门人才。学院开设的课程,有伤寒、金匮、内科、妇科、儿科、外科、药物学、处方学、医学史、西医学、解剖学、病理学、法医学、眼科及耳鼻喉科等。从课程设置上,可以看出以中为主、中西结合的办学方针。施先生主张以西医之长补中医之短，提出汲取西医科学化的病理分析和诊断方法之长，与中医在中药与处方方面的丰富经验相结合。他还提出对中药的化学成分和药理作用进行深入研究，以求明了。施先生在60多年前提出并实践的这些主张，都极富科学性和预见性。

这枚是1936年证章，是收购者多年前在施今墨大夫老家与其他物品一起收购的，珍藏了多年后出让，我闻讯即购。这枚章做工讲究，银嵌丝工艺、蓝珐琅、白边，至今有80多年了，品相完整。更珍稀的是背面标号为1号，是中医名家施今墨院长佩戴

16. 华侨大学

华侨大学其前身是王淑陶先生1938年在香港创办的华侨学院。1939年易名为华侨工商学院。1941年12月太平洋战争爆发，香港沦陷，学校内迁柳州。第二年柳州失守，转入重庆。抗日战争胜利后学校在香港复校。1947年秋部分迁入广州，增设文、法学院，名为广州私立华侨大学。全校有教师80余人。设中国文学、外国语言文学、政治、教育、经济、法律、土木工程、建筑工程、电机工程、会计、工商管理、银行等学系。1949年2月成立校董事会。学校继承原工商学院面向华侨、从华侨实际出发的办学传统，注重学以致用。图书馆藏有两广文献、南洋文献等珍贵图书两万余册。1949年10月广州解放，华侨大学停办，与原留在香港的部分合并。1956年，学院与香港其他四所书院组成联合书院。

三 1912年至1953年私立高校徽章

1947年校徽

17.孔教大学

孔教大学创始人陈焕章,在1911年从美国留学回国,第二年在上海创办了孔教总会。1923年8月,在北京西单甘石桥成立孔教大学,是一所以"昌明孔教,培养通儒"为宗旨的大学。

这年重阳节,校长陈焕章在孔教大学第一次开学大会说:"吾人今以匹夫之力特立孔教大学于京师,以继往开来,此实古今之创举。"

陈校长一心致力推动孔教,1926年他因有感于国内难以弘扬孔学,遂赴东南亚各国传扬孔教。

1930年,结束了欧非各国讲学后,陈焕章来到香港,与黄广田等志同者成立孔教学院,他们将爱国主义与弘扬祖国传统文化紧密地结合在一起。

据记载,1931年时孔教大学只有学生约35人,旋即名存实亡,但位于香港的孔教学院历经80多年的风雨,依然秉持其创办人弘扬孔教儒学的宗旨,将孔教大学的精神继承并发扬光大。今天香港孔教学院与内地院校有着广泛的交流。

三　1912年至1953年私立高校徽章

1923年挂链式铜质
珐琅校徽，很少见

18.勉仁文学院

勉仁文学院，系国学大师梁漱溟先生于重庆创办的一所专门教授国学知识的专门学校，建立于1946年，成立时校名为勉仁国学专科学校。1948年易名为勉仁文学院。1950年年初，梁漱溟应毛泽东和周恩来邀请，北上参政议政，勉仁文学院并入西南师范学院，1985年，更名为西南师范大学。2005年，西南师范大学与西南农业大学合并为西南大学，勉仁文学院成为西南大学文学院的一部分。

国学大师梁漱溟自学院创建以来，直至1950年北上之前，均在此任教。

国学大师吴宓自西南联合大学解散后，入蜀定居，住在勉仁文学院，任文学教授，历经西南师范大学历史系、中文系教授，1978年病逝。为了纪念吴宓对西南师范大学文学院的贡献，西南大学文学院主楼以吴宓教授的字号命名为"雨僧楼"。

校训：仁以立志，奋勉求学。

1948 年证章

三 1912年至1953年私立高校徽章

19.民国大学

民国大学是民国时期先后在北京和湖南办的私立大学。

1916年,由当时的国会议员吴景濂等在北京创办民国大学,租位于宣武门外的四川会馆为校舍,由马君武任校长。

1917年3月,学校开学,并设有夜校。

1920年,蔡元培出任校长,由于财政紧张,仅招收经济系学生。

1923年,学校租得西城太平湖醇亲王府南府为校址,由江天铎继任校长,并开始招收本科生。

1930年,根据国民政府颁布的《大学组织法》,民国大学更名为私立北平民国学院。学校进行了系科调整。

1937年卢沟桥事变爆发,学校被迫迁至开封,后又因形势恶化,学校再迁长沙。

1938年3月由长沙迁往溆浦,随迁的有著名教授翦伯赞、张天翼等。

1940年在湖南宁乡购置房舍,于1941年至1944年在此办学。1944年日军占领宁乡前夕,学校迁到安化等地。

1945年抗日战争胜利后,该校迁回宁乡。

1946年,私立北平民国学院改称私立民国大学,继续留在宁乡。

1949年湖南和平解放，湖南省为了办好大学，经中央人民政府批准，把省立克强学院、音乐专科学校、湖南师范学院、私立民国大学并入湖南大学。

1931年铜质北平民国学院证章

1946年法学系证章

1926年铜质嘉禾图案校徽

20. 南华学院

　　南华学院 1938 年秋创办于香港。南华学院创办人、院长钟鲁斋,与其同学曾友豪博士在香港创办南华学院以后,就筹划在教育发达的梅州侨乡办学,当时国民政府教育部有民间办大学要求学校设于国内的规定。1939 年夏,钟鲁斋亲赴南洋印尼椰城、爪哇等地发动华侨筹资办学,宣传华侨教育的重要,阐述在梅州设立大学之必要性,立即得到印尼雅加达中华商会会长兼筹赈会主席、侨界巨子丘元荣,以及广大华侨的广泛支持和大力协助。当时,南华学院聘请了华侨界知名人士傅可英、丘问谷、廖楚詹等人为校董。1939 年 8 月,钟鲁斋由印尼返港,此时国民政府教育部已批准在梅州建校,钟鲁斋乃电聘卢辉荪、龚伯仑和梅县县长梁国材等人为校务委员。9 月,原在香港的南华学院迁到梅县,在梅城郊外古田林屋租房正式招生开学,学生除来自本省外,还有来自外省市的。1940 年春,南华学院又由古田迁至附城锦江亭上课。并经梅县县政府批准划出城北教溪口一带约千亩面积的土地用以建新校舍,是年 9 月,即开始动工兴建校舍。11 月,学院经教育部批准立案。1942 年,学校迁城北教溪口新校上课。

　　1941 年 4 月,学院改聘校董会,推举胡文虎、丘元荣为正副董事长,南华学院形成了以著名侨领为核心的校董会。又奉教育部命令,将大学部迁回梅州，与在梅州的学校整体合并，此时全校师生共有200余人。

1945年8月，抗战胜利后，南华学院由梅县迁至汕头，后又曾改名为南华大学。1951年奉命结束，改办南华财经专科学校。

1941年校徽

1941年校徽

1942年校徽

21. 南通学院

1912年由清末状元张謇及其兄张詧创办私立南通医学专门学校，这所学校是我国最早创办的高等医学院校之一。1927年南通医学专门学校改为私立南通医科大学，1928年南通私立的农科、纺织、医科大学合并为私立南通大学。1930年11月私立南通大学改为私立南通学院。1952年院系调整，其农科独立，改名为苏北农学院，后成为扬州大学农学院；其纺织系并入华东纺织工学院；其医科在学院原址上改名为苏北医学院，后改为南通医学院。南通学院现在是南通大学。

这枚1932年的证章中间是纺锭和织梳，代表纺织。纺织系在南通学院是一个主要的学科，该系1952年并入华东纺织工学院

1945 年证章

1950 年教职员证章

三　1912年至1953年私立高校徽章

22. 上海法科大学　上海法学院

1926年由褚辅成等创办上海法科大学，褚辅成任董事长，1927年兼任校长，沈钧儒任教务长。1930年1月，上海法科大学更改校名为私立上海法学院。

学校位于上海江湾路547号，该学院办学宗旨是培养造就政法及财经人才。上海法学院曾开设法律、政治、经济、会计及银行等科系。上海解放后，学院被撤销，相关科系分别并入上海财经学院和上海大学等院校。

1950年法律系证章

1927 年校徽

1946 年证章   1946 年证章

三 1912年至1953年私立高校徽章

23.上海法政学院

上海法政学院创建时为女子法政学校，1926年，校董冯玉祥出资五万元，在打浦桥金神父路口购地建校舍，同年秋迁入，1929年改名为上海法政学院。

抗战时期，校舍曾作为伤兵医院，爱国师生纷赴抗日前线。

1937年10月，另租辣斐德路1195号（徐汇区，原上海机专校址）继续上课。其时，曾应中共中央宣传部负责人秦邦宪要求增办新闻专修科，培训抗日新闻人才，由陈望道、高季琳（柯灵）等任教。

1941年12月，打浦桥院址被日伪占用。抗战胜利后，复迁原址。

1951年，与诚明文学院等五所私立院校合并，改名私立上海学院。

1952年，相关院系分别并入复旦大学、上海财经学院与华东政法学院。

三 1912年至1953年私立高校徽章

1951 年证章

1946 年证章

24.同德医学院

中华德医学会是由同济德文医学堂（同济大学前身）毕业的同学于1916年在上海成立的校友会。1917年8月向中华德医学会倡议开办医科学校。获该会的支持，有干事十人组成委员会，筹建学校和募集基金，租借麦根路（今淮安路）19号为校址，取名为同德医学专门学校。学制五年，于1918年9月16日正式开学。教职员20人，其中12人是同济医科毕业校友，大多数为义务兼课。

1935年9月更名为私立上海同德医学院，学制为六年。其心血管专业尤为出色。1952年院系调整，同德医学院合并到上海第二医学院。

1951年教职员证章

1935 年证章

1946 年证章

1950 年结业证明书

三　1912年至1953年私立高校徽章

25.五华学院

五华学院是私立五华文理学院的简称。

抗日战争时期，西南联大等高等院校和科研单位南迁云南，这大大地推动了云南教育和文化事业的发展。抗战胜利后，这些学校和单位返回原址。留在云南的高等院校只有云南大学、昆明师范学院及云南省立英语专科学校，原来浓厚的文化氛围没有了，教育水平下降了。"落后要挨打"，这沉痛的教训，人们记忆犹新，当时学界人士梅贻琦、朱自清、华罗庚、陈寅恪、熊庆来等和国民党元老于右任、陈果夫、李根源和云南当地名人秦光、于乃仁等有识之士认识到"非提倡学术，不足以建国；非致力研究，即无以建学"，大家对云南文化教育事业深感担心。在这样的背景下，在他们的倡导下，1945年云南省第一所民办大学私立五华文理学院诞生了。

学校的校训为"格致诚正，修齐治平"。学校丰富的地域特色，深受社会各界的重视。学校在1951年并入云南大学和昆明师范大学。先后毕业了2300余人。

1946年证章,在徽章中有五颗星代表五华

三 1912年至1953年私立高校徽章

26.相辉学院

著名教育家马相伯于1905年在上海创办复旦大学，后因抗日战争爆发，复旦大学于1939年迁到重庆北碚建立临时校址。抗战胜利后，复旦大学于1946年6月迁回上海。

复旦同学会决定在北碚旧址筹办一所学校，为纪念复旦创始人马相伯和校长李登辉，定名为相辉学院，1946年9月招生。中国工程院院士、"杂交水稻之父"袁隆平是1949年考入相辉学院农艺系的学生。1950年11月，西南农学院成立，相辉学院农艺系及其专修科连同四川省立教育学院的农科以及其他高校的农艺系一道，并入西南农学院。1953年，以西南人民革命大学为基础，相辉学院与其他大学一同合并成立西南政法学院，后改名为西南政法大学。

1946年证章

27.湘雅医学院

1913年谭延闿以湖南省政府的名义与美国雅礼学会合作,拟在长沙创办一所新型医科大学,遭到北洋政府反对,后经过湖南育群学会的努力争取,终于1914年7月由育群学会代湖南省政府出面,正式签订了合作协定。在为学校取名时,考虑到湖南省简称"湘",而雅礼会的第一个字是"雅",就称这个联合体为"湘雅"。新创办的医科大学取名为湘雅医学专门学校。

这是我国创办较早的一所西医学高等学府。先后曾更名为湘雅医科大学、湘雅医学院、湖南医学院和湖南医科大学。现在是中南大学湘雅医学院。

校训:公勇勤慎,诚爱谦廉。

校风:求真求确,必邃必专。

学府遗珍

1946 年湘雅医学院证章

1945 年湘雅医学院证章

28.勷勤大学 勷勤商学院 法商学院

　　1932年秋，陈济棠为了巩固其统治地位，汇聚知识分子，邀请古应芬、邓泽如、林云陔、林翼中、谢瀛洲、陈融、刘纪文、陆幼刚等人为校董，以刘纪文、谢瀛洲、陆幼刚为筹备委员。1933年夏，将原省立工业专门学校扩充为勷勤工学院，设机械工程系、化学工程系、建筑工程系、土木工程专修科等，并设有附属高中。任卢德为院长。同时将广州市立师范学校设为勷勤师范学院，设文史系、地博系、数理化系，附设高中和附小，任林砺儒为院长。另以光孝路工务局原址筹办商学院。

　　1934年7月，勷勤商学院成立，设会计学系、银行学系、经济学系，任李泰初为院长。于是三个学院合称为广东省立勷勤大学。虽然勷勤大学仅有四年的历史，对于广州人来说还是熟识的。

　　勷勤大学的商学院，1938年改组成独立的广东省立勷勤商学院。

　　1946年广东省立勷勤商学院改为广东省立法商学院。

学府遗珍

1934年证章

1934年挂链式校徽，中间是学校徽记

1950年法商学院学生证章

29. 章江法政大学

罗家衡（1883—1961），字缑笙，江西省吉安县敦厚镇罗家村人。1901年参加乡试，以优异成绩考中举人。1911年，获吉安县官费资助，留学日本，入早稻田大学学习政治。在东京曾与孙中山会晤，并加入兴中会，后转入同盟会。

1914年学成归国，在南昌创立章江法政大学（又称江西法政专门学校），简称"章江法大"，自任校长。

1950年春，华东国政委员会成立，罗出任华东国政委员会政法委员会主席。1953年罗被选为上海市人民代表大会代表。1954年，上海市社会科学院成立法学会，罗出任主任。

1914年银镏金挂链式证章。这枚银镏金证章造型优美、品相完整，很难得

30. 中国大学

　　孙中山先生于1912年冬仿照日本早稻田大学在北京创办了国民大学,校址在前门内西城根愿学堂内。1913年4月开学。当年"二次革命"爆发,学校经费被北洋政府终止,从而学校由公办改为民办。1914年与上海吴淞中国公学合并,称中国公学大学部,1917年3月5日学校易名为中国大学,1925年9月迁至西单郑王府。1949年停办,历时36年。其间孙中山先生任校董,蒋介石、冯玉祥、张学良、阎锡山曾任名誉董事,孔祥熙、孙科曾任总董事,宋教仁、黄兴分别为第一任和第二任校长。中国大学有光荣的革命传统,在反帝反封建的革命斗争中走在前列,以李大钊、李达、吴承仕、杨秀峰等为代表的一批人称"红色教授"的学者在学校传播先进思想,学校培养出了许多国家栋梁。

1945年学校证章

1935年中大中文系证章

1935年中大证章

这枚1920年中国大学的工读校徽，背面有"中大"字样，序号为个位数。在大学徽章中是很少见的。这是体现1920年前后工学和工读教育思潮的典型徽章。工读是由于社会革命的潮流而产生的，希望通过工读以实现人人工作、人人读书、各尽所能、各取所需的理想社会。可见教育改良主义在当时有一定的市场。

胡适也提倡工读主义，他提倡美国式的半工半读，仿美国生活介绍所的模式，成立工读介绍所，介绍学生到工厂劳动，以工资作为学费，想把工读作为缓解求学难的一个办法。

这枚是 1930 年中国大学学生军校徽。抗战时期国民政府发出了"一寸河山一寸血，十万青年十万军"的号召，全国大中学校学生掀起从军报国运动。这是抗日战争时期学生们奋勇参战的凭证

1935 年中大外国文学系证章

1930 年中大证章

31. 中国公学

1905年11月，为反对日本文部省颁布的《关于清国人入学之公私立学校之规程》，东京8000余名中国留日学生罢课抗议，3000余名留日学生退学回国。

1906年2月，因大批留日学生返抵上海，没有着落，留学生中的姚洪业、孙镜清等各方奔走，募集经费，在上海北四川路横浜桥租民房为校舍，筹办中国公学，后迁至吴淞。革命党人于右任、马君武、陈伯平、李登辉等任教员。

1906年4月，中国公学在上海正式开学。开学后，共招学生318人，来自13个省。分大学班、中学班、师范速成班、理化专修班。后来清政府拨吴淞炮台湾公地百余亩作为建筑基地，从大清银行借银十万两作为建筑费。1909年，吴淞中国公学校舍在炮台湾落成。

开办不久，因经费不足，公学几将解散。为唤起国人对公学的关注，姚洪业愤投黄浦江自尽。民国成立后，学校得到孙中山、黄兴支持。此后，吴淞中国公学逐渐发展成包括文、法、商、理四院的综合性大学，并增设了中学部。1915年，梁启超任董事长。

1915年，北京国民大学与上海吴淞中国公学合并，称中国公学大学部。1917年，上海吴淞中国公学停办，中国公学大学部更名为中国大学。

1915年校徽，品相完美，传世至今非常难得

1914年校徽，品相完好

这两枚传世的佳品，非常难得，其中一枚背面序号为3号应为副校长所佩戴。中国公学在我国文化史和教育史上有一定的积极作用及历史意义。其校徽存世数量极少，可谓准文物了。

32. 中国国医学院　天津国医专修学院

1928年前后我国近代中医学的泰斗张锡纯医生在天津创办了中国国医学院。

1931年，津门医家尉稼谦于天津创办天津国医专修学院，自任校长。

1935年校徽

学府遗珍

1936 年校徽

33.中华大学

中华大学,即私立武昌中华大学,是中国第一所不靠政府和外国人而由国人独立创办的私立大学。它将中国古代兴办私学的教育传统和近代日本、欧美的大学体制相结合,开创出符合近现代中国国情的高等教育模式。1912年,武汉黄陂人陈宣恺和陈朴生筹建了私立中华学校,分设男部、女部、中学部,由陈宣恺先生任校长。在武昌府后街与昙华林租校舍。同年8月学校开始招生。后由其儿子陈时继任中华大学校长。1952年院系调整后,中华大学相关科系分别并入武汉大学、中南财经学院、华中师范大学。

校训为:成德、达材、独立、进取。

1945年校徽

学府遗珍

1945年中华大学商学院证章　　1920年嘉禾图案校徽

1936年校徽

34.中华文法学院

1937年春,中山大学原文学院院长吴康博士在巴黎与中国留欧学生40余人组织了中华文化学会。

吴康博士回国后,筹备中华文化学院。1942年秋,成立了中华文化学院国文专科学校,吴康为院长。

1944年秋,增设大学部。

1945年1月,日寇入侵粤汉铁路,乐昌县坪石镇一度沦陷,文化学院迁梅县,另在湖南南岳设置分教处,安置撤退至湖南境内的师生。

抗日战争胜利后,学校迁到广州,暂借惠爱东路禺山中学为校址。后迁登峰路原大中中学校址上课,另在文德路、榨粉街等地设置各系分散上课。

1946年5月,更名为私立中华文法学院。

1947年,私立中华文法学院更名为私立文化大学。

1951年,与私立广东国民大学等学校合并组建华南联合大学。

学府遗珍

1946 年学生证章

35.珠海大学

珠海大学创立于1947年,原校址在广州市东山区竹丝岗二马路,由陈济棠将军、陈济棠兄长陈维周、文学家黄麟书、广州市市长李扬敬将军、尹芳浦及教育家江茂森等广东籍人士所创办。

1949年迁到香港,由于香港政府初期只承认其所办之公立香港大学颁发的学位,私立大专院校受当时香港教育条例所限,故其易名为"珠海书院"。20世纪90年代起,珠海书院开始与海外其他大学合办学位课程,现为珠海学院。

1947年学生证章

36.岭南大学

岭南大学的前身为格致书院，创办于1888年，校址设在广州城内。1925—1927年广州处于大革命高潮，该校工人、学生连续罢工、罢课。1926年，国民政府颁布私立学校立案规程，禁止外国人在中国办大学，岭南学校也在被禁之列。1927年4月学校宣布停办。当时以钱树芬为首的一批爱国校友倡议接办学校，同年7月经广东政府批准，学校收归中国人自办，并正式改名私立岭南大学。1952年岭南大学在院系调整中与国立中山大学及其他院校的相关专业合并，组成现在的中山大学和华南理工大学。

1935年校徽

1936年校徽

37. 中法大学

在 20 世纪初，中国学生逐渐去法国留学。1917 年李石曾等人组建了留法勤工俭学会，宗旨是"勤于做工，俭于求学"，让较多的人通过工读的模式达到留学的目的。后来华法教育会成立了,该会组织实施到法国勤工俭学。这样在 1919 年、1920 年前后有 1700 多人留法勤工俭学。

留法勤工俭学会得到了教育总长蔡元培先生的支持，在 1920 年留法勤工俭学会、法文预备学校和孔德学校组建成中法大学。

中法大学是一所私立大学，李石曾任董事长，聘请蔡元培先生为校长。

中法大学最先把位于北京西山碧云寺的法文预备学校扩建为文、理两科，称为中法大学西山学院。1924 年，建立孔德学院，即为后来中法大学社会科学院。学校不断发展，至 1931 年已成立了镭学研究所、文学院、理学院、社会科学院、药学科等。

1950 年 9 月学校停办，院系调整。中法大学校本部并入华北大学工学院。1951 年华北大学工学院定名为北京工业学院。1988 年学院易名为北京理工大学。

这枚校徽为长翅形,正面有"中法大学"字样,中间下有双圆图案,整体造型意为共同展翅飞翔。背面有年号和序号。章面设计简单、大方,有中西方特征。这枚章有70多年了,存世不多见,品相完美的就更少了

孔德学校是1917年华法教育会筹建的。孔德是法国哲学家的名字,以"孔德"做校名,是希望把法国的实证主义介绍到中国

四 清末至1953年教会学校徽章

从清朝后期开始,西方的教会在中国设立了一些高等学校。这些学校是近代中国高等教育的重要组成部分,它传播西方文化和科学知识,促进中西文化的交流和中国高等教育的发展。教会学校,可以说它是西方资本主义国家对华政治压迫和经济掠夺的产物,但也成了促进中西文化进一步交流的媒介。教会大学发展至民国时期,有较大的变化,如教育宗旨的改变,特别是受到非宗教化和"收回教育权"运动的冲击,被迫对自身进行了改造,提高教学质量,以适应中国社会发展的新要求。

当时著名的教会大学有:燕京大学、圣约翰大学、金陵大学、华中大学、震旦大学、之江大学、东吴大学等。

教会大学在我国存在有半个多世纪。留存下来的校徽就有一定的品种和数量,但比较早期的校徽也是很难见到的。教会大学的校徽比较简约,很少有华丽的。

1.东吴大学

1871年,美国基督教监理公会在苏州设立存养书院,1879年改名博习书院。1901年,建立东吴大学堂,又称东吴大书院,成为美国基督教在中国建立的早期教会大学之一。辛亥革命后改称东吴大学。开办之初,设立中学班,学生不足百人。1905年开始招收大学学生。1915年东吴大学在上海设立法学院。1952年10月,全国高校院系调整,东吴大学改组为江苏师范学院。现在是苏州大学。

1951年法学院证章

东吴大学30周年校庆及毕业纪念章

学府遗珍

1935年文理学院证章

1925年挂链式银质校徽,"养天地正气,法古今完人"是1923年孙中山先生为东吴大学题的校训

1946年校徽,"SU"为东吴大学的英文缩写

1935年法学院证章

2.辅仁大学

1912年，中国天主教领袖英敛之、马相伯提倡在北京建立一座天主教大学。英敛之随后于1913年在香山静宜园建立"辅仁社"。

1927年北洋政府批准试办学校，取名为私立北京辅仁大学。1929年国民政府教育部正式立案，后因北京改名北平而改称为私立北平辅仁大学。

1942年教授英千里与师生多人因秘密组织抗日活动被捕入狱，但师生们继续遵国民政府学制与假日规定，并招收沦陷区失学青年。由于辅大是唯一不受日本控制的大学，所以沦陷区青年以考入辅大为荣。由此，辅大得以保持一方学府的"净土"。

1949年2月1日北平和平解放，校长陈垣乃率领学生上街欢迎解放军入城。1950年10月，中华人民共和国中央人民政府宣布接管辅仁大学，校名改为国立辅仁大学，1952年全国高校院系调整，辅仁大学被撤销，该址现为北京师范大学。

1931年证章

1915年辅仁学社校徽

辅仁学社暑假作品奖章

1940年学生证

3.沪江大学

　　沪江大学是一所位于上海的有浸信会背景的教会大学,创办于1906年,校址位于黄浦江畔的杨树浦军工路,鼎盛时期以文、理、商科著称于世,是上海理工大学的前身。沪江大学原名上海浸会大学,最初的校长为美国人柏高德博士。大学另设浸会神学院,由美国人万应远博士任院长。沪江大学首任华人校长刘湛恩对沪江大学进行了一系列旨在"中国化"的整顿和改革,使沪江大学在当时私立大学中以学风淳朴闻名,较少教会气。1952年秋季,全国高等学校进行院系调整,沪江大学各科系分别并入复旦大学、华东师范大学等相关院校,在其原址上组建上海机械学院(今上海理工大学)。经历100多年的历史沉淀,沪江精神至今依然常青于黄浦江畔。

学府遗珍

1935年证章，中间是校训：
信、义、勤、爱

1951年歌咏比赛徽章

1950年教师证章

4.华西协合大学

1905年清廷废除科举制度,基督教各差会决定联合在四川成都创办一所规模宏大、学科完备的高等学府,并由毕启、启尔德和陶维新等人着手筹备。

1910年3月,在成都南门外华西坝,华西协合大学正式成立。由于它是由英、美、加拿大三国基督教会的五个差会(美以美会、公谊会、英美会、浸礼会、圣公会)共同开办的,故取名华西协合大学,也正因如此,当时的成都市民都称之为"五洋学堂"。在西方著名教育家波尔顿和张伯伦的指导和建议下,华西协合大学的组织方案、专业设置、课程计划、教育管理等都采用了当时英美较为先进的水平。

1951年10月,人民政府从外国教会手中收回教育主权。1952年院系调整中,相关院系分别并入四川大学、西南民族大学等学校。

1945 年学生证

1945 年校徽

5.金陵大学

　　金陵大学是 1888 年美国基督教会美以美会在南京创办的教会学校。1928 年向国民政府教育部申请立案，是第一个向中国政府申请立案并获准的教会大学。在美国加利福尼亚大学对外国人在华所办大学编类中，金陵大学是教会大学中唯一的 A 类，持有金陵大学学位的毕业生就有资格直接进入美国大学的研究生院。金陵大学，为中国近代大学教育的建立与发展、新科学技术的引进、新人才培养、优秀人才的输送都做出了较大的贡献，在当时被评价为"中国最好的教会大学"之一，享有"钟山之英"之美誉。1951 年，金陵大学与金陵女子文理学院合并，改建为公立金陵大学。1952 年全国高校院系调整，金陵大学主体并入南京大学，其余院系并入有关学校。金陵大学原址现在是南京大学。

1946年教职员证章

1946年学生证章

1935年缝制式帽徽

1950年证章

6.津沽大学

1921年，法国政府经罗马教廷批准，由天主教直隶东南教区的法国耶稣会在天津马场道，创办了一所教会学校，初名天津农工商大学，复定名为天津工商大学，在教会内部称为天津圣心学院。这是天主教在华办学的在地域上的一项重要举措，开了中国北方天主教建立大学的先河，与南方的上海震旦学院遥相呼应。

国民政府成立以后，学校向国民政府教育部申报立案。1933年8月，南京国民政府教育部正式批准立案，但因所设系科未达"大学"三院九系之标准，故将学校更名为河北省私立天津工商学院。

1945年学校成立三院七系，粗具大学规模。抗日战争胜利后，学校向国民政府教育部正式申报改建大学。1948年10月，国民政府教育部正式批准立案，将天津工商学院改名为私立津沽大学。

1951年9月，经中央人民政府教育部批准，津沽大学改为公立，将私立达仁商学院、天津土木工程学校分别合并入津沽大学商学院、工学院，并以津沽大学原有之文学院为基础，筹建师范学院。1952年院系调整，其商、工、师范学院分别并入天津大学、南开大学和天津师范学院。

学府遗珍

1949年校徽

7. 铭贤学院

　　欧柏林大学是美国基督教公理会开办的一所大学。1901年，孔祥熙先生赴欧柏林大学留学。回国前，他向欧柏林大学建议于山西设纪念学府，获学校支持，并委托他负责建校事宜。1907年秋，孔祥熙携带资助款项回到故乡山西太谷县，拒绝了清政府邮传部和湖南省的邀请，一心办学。他与公理会商定，占用公理会所办的明道学堂校址，创办了铭贤学校（亦称铭贤学堂）。"铭贤"二字，系孔祥熙所命名，取纪念先贤之意。学校创建时为小学，1908年曾办初中班，校址在太谷南关。1909年迁入太谷城东孟家花园，增设中学班。1916年，又增设大学预科班。1923年夏，根据国家教育会议决案，改用新学制，停办大学预科。1937年抗日战争全面爆发后，铭贤学校南迁，1940年成立农工专科学校。1943年夏改为私立铭贤学院。1951年改为山西农学院，1979年更名为山西农业大学。

　　校训：学以事人。

学府遗珍

1945年学校证章

1920年校徽

1940年校徽

8.齐鲁大学

齐鲁大学是20世纪初在山东济南办的一所综合性教会大学,由美国、英国以及加拿大的基督教教会组织联合开办,是当年外国教会在中国开办的最早教会大学之一,其历史可以追溯到1864年在登州(今山东蓬莱)建立的蒙养学堂。经过长期的发展,它从小型教会学校发展成综合性的教会大学,鼎盛时有"华北第一学府"之称。与当时的燕京大学并称"南齐北燕"。在1952年的院系调整中,齐鲁大学被撤销,其学科分别并入山东大学等高校,其校史由山东大学齐鲁医学部继承,原校址现为山东大学。

1950年齐鲁大学证章

学府遗珍

1946年齐鲁大学证章

1940年齐鲁大学证章

1945年齐鲁大学证章

1935年齐鲁大学证章

9. 圣约翰大学

上海圣约翰大学前身是1879年创立的圣约翰书院，1905年更名为圣约翰大学，是中国第一所现代高等教会学府，有"东方哈佛"的美誉。1952年院系调整，取消教会学校，圣约翰大学被调整到上海有关学校，圣约翰大学原校址现为华东政法大学。

1950年校徽

建校十周年银质纪念章

这枚 1922 年银质校徽，是圣约翰大学典型的校徽图案。中间是中英文校名，上半周是中文校训"学而不思则罔，思而不学则殆"，下半周是英文校训，意为光明与真理

1936 年校徽

1945 年奖励成绩最佳毕业生的银质校徽

10.私立武昌华中大学

1871年，美国圣公会在湖北武昌城内昙华林创办了文华书院。

1903年增设大学部，发展成文华大学。

1924年，改名为华中大学。

该校址现在是湖北省中医学院。

1952年院系调整中，学校被撤销，并整体并入华中师范学院。20世纪50年代初，华中师范学院迁往武昌桂子山。华中大学是20世纪华中地区几个英美基督教会联合创办的一所教会大学，当时教会大学虽然数量不多，但起点很高。在当时的历史条件下，特别是在20世纪20年代以后，教会大学在中国近代教育中起着一定程度的示范作用。因为它在体制、机构、课程、方法以及规章制度等方面，更为直接地引进西方近代的教育模式，从而在教育界和社会上产生了较为深刻的影响。由此可见，教会大学是中国近代教育史不可缺少的一页，为中国高等教育做出了贡献。

学府遗珍

1928年证章

1949年毕业证明书。大学毕业证书应由国家颁发，当时中华人民共和国尚未成立，证书未能及时到位，先发证明书

11.福建协和大学

1911年,由世界基督教大会推举的高等教育委员会会长高绰博士来到福州,与福建基督教六公会商议联合创办大学,经过酝酿、筹备,于1915年成立了董事会,以俾益知为主席,推选庄才伟为首任校长,校名定为福建协和大学。

1916年2月,该校于福州仓前山租用俄商茶行正式开学,以福州的英华、格致、三一及闽南的英华、寻源五所书院的高年级学生为一年级学生,总数有81人,但不招收女生。老师专任者五人及兼任者四人。1917年,美国纽约州立大学承认协大是一所合格大学,并且参照美国大学毕业生的管理办法,承认其毕业生同样可取得学士学位。1918年,美国罗氏基金董事会鉴于协大办学初具规模,逐年指定一笔巨款,拨作添聘教授和购置教学设备之用。1919年1月,罗氏基金社拨助该校科学馆的建筑设备。庄校长之兄嫂亦捐建文学院一座及逐年图书购置经费。1922年学校择定福州魁岐乡为校址,于鼓山之麓,闽江之滨,建筑新的校舍,大小数十座颇有东方古典风味的精致建筑峙立江东,背倚鼓山,面俯闽江之流,风景美如画,不愧是一所进行大学教育的好地方。

1951年,学校被撤销建制,与私立华南女子文理学院一同改建为福州大学,是今福建师范大学和福建农林大学的主要前身。

学府遗珍

1945 年校徽

264

12.重庆神学院

重庆神学院简称"重神",1943年著名传教士陈崇桂途经泰国回到中国,在主教华福生的帮助下,陈崇桂与内地会合作于1943年9月在重庆创建了重庆神学院,当年就有十多位中、西教职员到学校任职,有来自全国的50多位学生入学就读,学校培养了不少教师和牧师人才。

1950年以后内地会离开中国,学校的外国教职员减少,学生人数渐减,学院在1959年并入金陵协和神学院。

1946年铜质校徽

13. 燕京大学

　　燕京大学是近代中国最著名的教会大学之一，成立于1919年，它本来是由华北地区的几所教会大学合并而成的，包括北京汇文大学、通州华北协和大学、北京华北女子协和大学，分别由美国长老会、美以美会、美国女公会、公理会、英国伦敦会等合办，初期曾名为北京大学。

　　由于学校是由不同教会所办的不同学校合并而成，起初管理非常混乱，一直没有满意的校长，直到1919年司徒雷登出任校长，才开始有了转变。司徒雷登是著名的来华传教士之一，后来还成为美国驻华大使。他上任后，立即对学校进行了改革并把学校更名为燕京大学。随后开始建设新校区，向社会各界募捐。经过几年的努力，该大学成为当时中国最美丽和最有成就的大学。1952年全国院系调整，燕京大学被撤销。校址现为北京大学。

1951年校徽

1933年校徽

1946年校徽

1950年燕大参军纪念章

四 清末至1953年教会学校徽章

14. 震旦大学　震旦女子文理学院

　　震旦大学是天主教在上海创办的教会学校，是中国近代著名的高等学校之一。由中国神父马相伯于 1903 年 2 月 27 日，在上海徐家汇天文台旧址创办。"震旦"一词出自梵文，是古代印度人对中国的称呼。

　　1937 年，美国天主教圣心会于上海蒲石路创设震旦女子文理学院，名义上从属震旦大学。1949 年上海解放后，震旦大学脱离教会控制，成为完全私立的大学。同年，中华人民共和国成立，震旦女子文理学院脱离震旦大学独立。1951 年 8 月震旦女子文理学院与震旦大学合并。1952 年全国院系调整，将震旦大学撤销，其院系分别归并到上海市各有关高等学校。

1951 年震旦教职员证章

马相伯

1946 年医学系证章

1938 年震旦女子文理学院证章

1945 年证章

15. 之江大学

之江大学的前身是创办于 1845 年的宁波崇信义塾。1910 年起改为由基督教美北长老会和美南长老会在中国杭州联合创办的之江学堂，1914 年又改名为之江大学。之江大学是中国的 13 所基督教大学之一，是当时颇有影响力的学校。1951 年被浙江省文教厅接管，美籍教员离校回国。1952 年高校院系调整，之江大学解散，院系拆分至浙江师范学院、浙江大学、复旦大学等，之江大学宣告结束。其知名校友有林汉达、金仲华、朱生豪等。

1933 年之江大学运动会奖章

1950 年证章

1946 年商学院证章

四　清末至1953年教会学校徽章

五 1912年至1953年大专学校徽章

大专学校是大学的补充，是社会的需要，为国家培养专业的人才。由于国民政府主张实施专才教育，重视实用科学，轻视文科、理科，以至实科学校及实科院系的数量增加。在这个时期，大专学校有了发展，但由于多种原因，开设的学科少，学校规模比较小。

　　当时比较著名的学校有：吴淞水产专科学校、东南高级药科学校、东亚体育专门学校、中华工商专科学校，等等。

　　这些学校留下的一枚枚多彩可爱的校徽，都是值得书写和歌颂的！

1.白鹤健身学院

　　白鹤健身学院是由白鹤派掌门人陈克夫先生所创建,他祖籍为广东省台山县,出生于澳大利亚,幼时归国。曾学习洪拳、拳击、柔道,继而从学于白鹤拳派名家吴肇钟、邝本夫,深得精要,当时武林中将其与邝本夫、陆智夫并称为"白鹤三夫"。

　　其抗战期间任职于香港国民大学,当体育及拳术教师,1952年在澳门创立白鹤健身学院。健身学院是以健身为目的,亦是一种门派的专门学校。

1952 年校徽

2.东南高级药科学校

东南高级药科学校1936年由郭琦元等发起创办,同年经校董会商定,准备于1937年开课。后因淞沪会战爆发,在真如的学校沦入战区,后来学校迁至萨坡赛路(今淡水路)299号东南医学院校舍。学校原计划设药学、应用化学等五科,因校舍不敷,先设药学一科。抗日战争胜利后,1946年10月,学校与东南医学院同时迁到制造局路,并扩充其他各科。当时的校长为张锡祺,董事长为徐朗西。1952年药剂班学生并入上海市立卫生学校,而学校随东南医学院迁到安徽。

1946年证章,全品相,很难得

3. 东亚体育专科学校

东亚体育专科学校，创建于1918年，1921年在北京教育部立案。1924年增设附属体育师范学校，培养小学体育教师。

建校初期以庞醒跃为校长，1927年庞醒跃辞职。1929年另聘陈梦渔任校长，同时在鲁班路草塘街自建校舍。1930年师范科在上海市教育局立案，添设童子军教练班。1936年增设附属东亚中学。1937年"八一三"战事中校舍被毁，迁往龙华路中华职业教育社继续上课。1941年学校被迫停办。

抗日战争时期，学校在贵州平越和四川泸县两度复校，均因经费不足而时办时停。1947年校董李培天以江湾文治路洋房一所扩充为校舍，但该屋已由市立二十二区中心国民学校借用，无法迁让，不得已暂借江湾路两江女子中学一部分校舍复校。1948年春，经教育局同意，迁入江湾市体育场田径场上课。1949年4月27日因战事学校被迫疏散，师生暂住南市体育场，直到5月28日上海解放才迁回江湾。

1951年7月，根据教育部成立华东师范大学的决定，东亚体育专科学校的体育系和体育专修科并入以私立大夏大学和私立光华大学为基础合并而成的华东师范大学，成为华东师范大学体育系的主体部分。

1952年夏，根据教育部成立华东体育学院的决定，华东师范大学体育系、体育专修科与南京大学和金陵女子大学的体育系科合并成立华东体育学院（后来是上海体育学院）。

1948 年证章

1936 年证章

4.光华医学专门学校

1907年冬，在由英国人经营的往来省港的"佛山号"轮船上，英国人雇用的印籍警察无故打死中国工人，而外国的医生却诬说是心脏病发造成死亡，激起民愤。但当时中国没有西医医权，清政府又惧洋媚外，不敢力争，反而用暴力压制民众，致使凶手逍遥法外。有识之士认为，事件主要原因是华人没有自主自立的医校和医院。

两周后，广东医、学、商、绅界人士陈子光、梁培基等数十人在广州一德路一间牙医馆内集会，他们满腔愤慨，一致认为："为了不受制于外国人，维护中华民族之尊严，挽回医权，必须创立完全由中国人自办的医学校为新医栽育人才。"1908年，光华医务社成立，创办了四年制的光华医学堂和附属医院（后改名广东光华医学专门学校），并冲破旧的礼教，首创医校男女同校。1928年更名为私立广东光华医学院。

学校自1908年创办至1949年，共培养38届680多名学生。1953年，光华医学院与中山大学医学院、岭南大学医学院合并为华南医学院。光华学子遍布全球，许多人成了医学界的栋梁。

学府遗珍

1919年校徽（正面及背面）

5.广东高等师范学校

1905年两广速成师范馆成立,继办初级师范简易科,旋改为两广师范学堂,王舟瑶为监督。1906年改为两广优级师范学堂,在广东旧贡院建新舍,设文学、数理化、史舆、博物等科,并附设体育专修科及小学。

1910年,学校增设附属中学。1911年又增设附属初级师范。1912年,改为广东高等师范学校,黄锡干为监督,唐萱继任校长。1915年增设图工体乐专修科,1920年金曾澄任校长,1923年底,邹鲁继任校长。

1924年1月,孙中山在学校大礼堂主持召开了具有重要历史意义的中国国民党第一次全国代表大会,改组国民党,提出新三民主义,制定"联俄、联共、扶助农工"三大政策,重新部署国民革命的伟大事业。1924年2月,孙中山命邹鲁主持筹办广东大学。同年9月,广东高等师范学校与其他三所学校合并成为广东大学。

广东高等师范学校从创办至1923年金曾澄离任为止,11年间毕业生有2400多人,遍布全省各地。

学府遗珍

这枚徽章是广东高等师范学校十周年纪念会纪念章,中间是闻名的钟楼礼堂。近百年了,颇有历史意义,留存至今可贵

6.广东省立海事专科学校

1945年8月，抗战胜利，日寇投降，广东省立海事专科学校在汕头筹备成立，并附设原有汕尾高级水产职业学校。广东省立汕头海事专科学校规划开设航运及水产等多种学科，开办初期，招收海洋捕捞、航海驾驶、轮机三个系各一个班，每班40人左右，并于10月开课，校址设在汕头市中马路的西木愿寺小学旧址。为了适应当时渔业及航运事业发展的需要，该校附设了海事深造班，招收原广东省立汕尾高级水产职业学校在抗战期间历届尚未就业的学生30多人，进行短期培训，然后介绍到上海招商局、上海中华渔业公司、联合国救济总署上海渔业物资管理局、台湾渔业公司等机构上船实习或就职。

1946年，学校迁到广州西村，易名为广东省立海事专科学校，并增招渔捞、航海驾驶、轮机及水产品加工四个系各一个班，在校学生有200余人。1947年姚焕洲校长辞职，由徐沛接任，到1949年秋季，全校共有四个科系，五个年级十个班，在校学生共有280多人。

1946年校徽

7.广东中医药专门学校

广东近代的中医教育在全国占有重要地位,其影响力仅次于上海。1913年2月,广东中医药两界人士联合广东九大善堂力量,借广州十八甫路爱育善堂,商议筹办粤省中医中药学堂,后"因教育部颁布医药学堂章程,办西遗中,该堂院等拟办中医中药学堂,以期研究"。

1913年3月,省港药材行及广东中医界借广州上九路张大昌寿世会馆集议,议定成立中医药学校省港筹办处,公推广东近代著名教育家卢乃潼任筹办处主席,以筹办广东中医药专门学校。1924年广东中医药专门学校正式成立。

1940年,升格为广东中医药专科学校。1952年改建为广东省中医进修学校。1956年并入广州中医学院。现发展为广州中医药大学。

学府遗珍

1924年校徽

8.广州市立美术专科学校

广州市立美术专科学校创建于1922年春天,在全国公立美术学校中,建校最早。当时中国共产党人在广州已开始活动,社会上出现了进步与反动思潮的斗争,美术界亦受影响而有所反映。1921年,广州美术界进步人士曾组成了一个美术团体,名为"赤社",于当年10月举行广州首次西洋画展,轰动了广州美术界。从此以后,爱好美术的青年就多了起来。于是广州市教育局长许崇清委托画家胡根天、冯钢百筹备美术学校,以中央公园(现人民公园)东北角空地搭建临时校舍,廖仲恺题校名为"广州市立美术学校"。由许崇清兼任校长,胡根天为教务主任,冯钢百为总务主任。先设西洋画科,招生80人(有女生12人),于1922年4月开学,学制四年。

1923年以后,西洋画科每年招生一个班,师生人数日增,为广州的西洋美术开创了新局面。1937年,抗日战争全面爆发,市美校停办。停办时,在校学生有350余人。总计自建校以来,15年间,毕业学生近600人,对华南美术事业的发展起很大的推动作用。

学府遗珍

这枚 1922 年的徽章设计独特：两个裸女相对而坐，是西方油画风格，在美术界有较大的影响。这枚章是双链挂式，品相完好，现仅见此枚

9.国立宝鸡高级职业学校

　　国立宝鸡高级职业学校是一所大专学校。国立的性质有两点,一是国家办的,二是大专以上的学校。宝鸡高职有高中和大学专科的课程。展示的证章、布标是该学校1944年的校徽和1946年的布标。该校在当地是一所颇有名声及成就的学校。

1944年证章

1946年布标

10.国立察蒙师范学校

　　1947年，中华民国教育部在张家口建立了国立察蒙师范学校，学校是为通晓蒙文的小学教师而开办的。1948年发展到六个班共200多名学生。学校规定汉族学生也应当学习蒙文，蒙文课由蒙古族教师担任，有蒙文课本。学校还成立了学生自治会，由全体学生选举产生。1952年，察蒙师范学校被撤销，主体并入察哈尔省立张家口师范学校。

1947年校徽，主图案是骆驼，代表着任劳任怨的精神

11.国立药学专科学校

　　国立药学专科学校，创建于1936年，是中国历史上第一所由国家创办的高等药学学府。建校初期，抗战爆发，学校迁到汉口，又迁重庆。中华人民共和国成立后，高等药学教育得到党和政府的重视与关怀。1950年，学校更名为华东药学专科学校。1952年，齐鲁大学药学系和东吴大学药学专修科并入，成立华东药学院。1955年开始招收研究生。1956年更名为南京药学院。1986年与筹建中的南京中药学院合并，成立中国药科大学。1996年进入国家"211工程"重点建设的百所高校行列。

　　70余年来，中国药科大学秉承校训"精业济群"的精神，存心以仁，任事以成，兴药为民，荣校报国，积淀了深厚的文化底蕴，并走出了一条"不唯药、需围药、应为药"的特色兴校之路。

学府遗珍

1946年教职员证章

1946年学生证章

1950年证章

1952年证章

12. 国立艺术专科学校

　　1928年3月，蔡元培先生在杭州创立了国立西湖艺术院。1930年学校更名为国立杭州艺术专科学校。1937年抗战全面爆发，学校先后迁往诸暨、江西贵溪、湖南沅陵。1938年与北平艺专合并，组建国立艺术专科学校，后学校迁往贵阳、昆明。1941年迁校到四川松林岗，1942年迁往重庆，抗战胜利后迁回杭州原址。1946年秋撤销国立艺术专科学校，恢复国立杭州艺术专科学校。1950年学校改名为中央美术学院华东分院，1958年改称浙江美术学院，1993年改名为中国美术学院。国立艺术专科学校在我国美术史上有着辉煌的成就和名望。

　　这枚徽章是我的朋友在病危之际让与我的，这是他最喜欢的一枚章。我曾以这枚章在网上悼念我的朋友。

这枚章是1940年前后国立艺专的证章，设计大气，制作精良，品相好，非常难得

13.河南公立法政专门学校

1902年河南仕学馆创建，1907年河南仕学馆改建为河南省法政学堂；1912年河南省法政学堂易名为河南公立法政专门学校。1927年，在国民党中央委员会开封分会委员们的提议下，在河南教育界人士的一致要求下，开始筹建国立开封中山大学。经过多次磋商，河南省政府决定将中州大学、河南公立法政专门学校、河南公立农业专门学校合并成立国立开封中山大学。1927年7月，国立开封中山大学宣告成立，设文科、农科、理科和法科共四科。后经多次变名为省立河南大学法律系（1930年）、国立河南大学法学院（1942年）等阶段。中华人民共和国成立后，河南大学的法学专业同全国大多数高校的法学专业一起停办。1985年，河南大学法律系得以重建，并于1996年更名为河南大学法学院。

1913 年学员证章

五 1912年至1953年大专学校徽章

14.开封女子师范学校

1907年4月,河南学务公所李时灿、郑思贺、张嘉谋等人发起创办女子师范学堂,开始的时候定名为中州女学堂。1908年1月,租民宅作为校舍,招简易师范班,有学生40名;附属小学一个班,有30名学生,当年4月开学。1910年学校改称官立女子师范学堂,学生免费入学,同时将学校迁至三胜街,其小学部改称官立女师附小。

1912年河南女子师范学堂改称为河南省立女子师范学校,并将校址迁到信陵书院旧址,也就是现在的中山路北段原开封师专处,学校设预科和本科两部。1925年此校奉令改称为河南省立第一女子师范学校。1933年奉令易名为河南省立开封女子师范学校。抗日战争期间,学校先后迁淅川、镇平、内乡等地,1946年返回开封原址。1948年开封解放前夕,此校部分师生南迁到浙江嘉兴的,1949年返回开封,并入开封师范学校。

1950年,开封师范学校更名为河南省立开封艺术学校,1958年经国务院批准为开封师范专科学校。1963年改为中师。1977年始办师范大专班。1984年5月经河南省人民政府批准恢复为开封师范专科学校。1992年国家教委批准改为开封师范高等专科学校。学校于2000年6月并入河南大学。

1933 年校徽

五　1912年至1953年大专学校徽章

15. 上海税务专门学校

上海税务专门学校，其前身是1908年成立于北京的税务学堂，后更名为税务专门学校，并迁址上海。它是我国创立的第一所培养税务专门人才的学校。该校的毕业生大部分在海关任职，这对我国从外国人手中收回海关管理权，建立自主的近代海关制度，具有十分重要的现实意义。研究税专的历史，对我国现代海关教育、继承和发扬培养关税专门人才有很大的帮助。

1925年校徽

16.上海西服业裁剪学院

在20世纪三四十年代的上海,有着来自世界各国的人群,他们的穿着与中国的传统服装有很大的差别,对中国的服装文化造成很大的冲击。随着洋装日渐兴起,当时制作洋装即西服的,宁波人称之为"红帮裁缝",根据服装市场的发展,这个队伍逐渐扩大,当时西服业同业公会"为谋求同业福利起见,拟办缝纫学校以造就本业技术人才",于是在1936年,上海特别市西服业裁剪学院诞生了。这是我国第一个服装裁剪学院。

学校设在上海四川路青年会少年宫,初办时每年有学生数十人,后来发展到近百人。入学的人员必须是西服业同业公会会员及有关人员。

现在宁波服装博物馆存有此校比较完整的资料。

这枚徽章见证了我国服装行业技术革新的一次跨越,有80多年历史了。徽章品相完美,少见

17.四川公立国学专门学校

1905年清政府废除科举、废除八股文,西方的自然科学等"西学"被引入我国。在这种情况下,有的官员要求保存传统国学,于是清政府通告全国开办"存古学堂",四川也不例外。

1909年,四川提学使赵启霖奏请川督建立四川存古学堂,地址就选在成都南门外,清代名将杨遇春的宫保府旧址。

1910年7月,四川存古学堂的首届学生举办了"开学礼"。但存古学堂的活动受到了限制,新班不能开学,已有的学生也是勉强维持。1912年2月,存古学堂改名为四川国学馆。

1912年6月,四川军政府都督尹昌衡在大三圣街成立国学院,由于"一馆一院"的职能重合,省议会决定将两者合并,国学院迁入国学馆。

1914年,四川国学院停办,改组为四川省国学学校。

1919年,学校改名为四川公立国学专门学校。

1927年学校并入公立四川大学成为公立四川大学文学院,后来成为公立四川大学中国文学院。

五　1912年至1953年大专学校徽章

1919年在学证章正反面，圆形，铜镏金

18. 四川留法预备学校

重庆留法勤工俭学分会成立后,即仿效成都做法,在城区夫子池内筹备四川留法预备学校。汪云松、温少鹤联合工商界及社会名流杨希仲、曾吉芝、黄复生等捐款两万余元,作为学校开办费和学生赴法补助费。为追求真理与理想、怀有救国志向的青年提供了赴法留学的条件。1919 年 9 月,重庆留法勤工俭学预备学校正式开学,招收中学毕业生和具有同等文化程度的青年,学制一年。

重庆赴法勤工俭学的青年学子,绝大多数是胸怀爱国大志的青年知识分子,他们为探索中华民族的救亡道路远赴重洋,其中一大批人不愧为新时代的开拓者,不愧是追求真理、振兴中华的革命先行者。有邓小平、陈毅、聂荣臻等在法国接受了马克思主义,参加了中国共产党或社会主义青年团旅欧组织的创建,走上了职业革命家的道路。

五　1912年至1953年大专学校徽章

这枚1919年铜质挂链式徽章，已有近百年的历史，设计大气。背面嘉禾图案，品相完美，乃传世佳品、珍稀至宝

303

19.苏南工业专科学校

苏南工业专科学校于1912年5月由前官立中等工业学堂和江苏省铁路学堂合并而成,当时称江苏省立第二工业学校,设土木、染色、机织三科,学制四年;1923年9月,学校更名为江苏公立苏州工业专门学校,同年,增设建筑科。1927年,试行大学区制,该校一度并入国立第四中山大学;1929年,在学校的苏州原址附设职业学校。1932年秋,工专复校,续办土木、纺织、机械等科。抗日战争中苏州沦陷,1938年,学校迁移上海。1940年,改学制为五年,1941年12月,日寇入侵上海市区,学校隐蔽校名,以补习班的名义照常上课,1942年,并入上海工业专科学校。抗战胜利后,接收伪江苏省立苏州职业学校;1946年2月,在上海工专的部分师生返苏州开学,学校定名为江苏省立苏州工业专科学校,设土木、纺织、机械三科,1947年,添设建筑科。新中国成立后,苏工专名噪一时。1951年学校更名为苏南工业专科学校,曾是一代名校。

该校先后设置过土木、机织、染色、应用化学、纺织、建筑、机械等科及织造、皮革、工程测绘、丝织纹工、染织等职业班,共有毕业生2200多人;并代办三角地形图报等速成班,毕业生有140余人。1953年7月,该学校被撤销,纺织科调整至上海华东纺织工学院;其他各科于1956年迁往西安,机械科与其他院系合并成立西安动力学院,土、建两科并入西安建筑工程学院。

1951 年证章

1952 年教职员证章

五　1912年至1953年大专学校徽章

20. 吴淞水产专科学校

1904年为抵御侵渔、维护海权，著名实业家、教育家张謇主张"渔权即海权"，向清廷倡议创办的水产学校，后经黄炎培帮助和首任校长张镠积极筹措，于1912年正式创办江苏省立水产学校。

1927年，学校更名为国立第四中山大学农学院水产学校。

1928年，学校更名为国立中央大学农学院水产学校。

1929年，学校恢复江苏省立水产学校校名。

1937年，因淞沪抗战，校舍毁于战火，学校辗转四川合川艰难维续水产教育。1938年，先在国立第二中学成立水产部，后于1943年成立国立四川水产职业学校。

1947年，学校在上海复校，定名为上海市立吴淞水产专科学校。

1952年更名为上海水产学院，成为中国第一所本科建制的高等水产学府。现在是上海海洋大学。

1947 年学校证章

1949 年证章

1948 年证章

1953 年教职员证章

五　1912年至1953年大专学校徽章

21.西北艺术学校

1948年贺龙元帅在晋绥边区创建西北艺术学校。学校分设两部,一部设在边区省府兴县,另在山西临汾西北军政大学所在地办有分校,由西北军大代管,所以又称"军大艺校"。1949年5月,西北艺校二部随军西渡黄河迁至西安,创建西北军大艺术学院。现在是西安音乐学院,是西北地区唯一的高等音乐学府。

1949年校徽

22.浙江省立女子产科职业学校

浙江省立女子产科职业学校创建于1925年。鸦片战争后，英帝国势力渗入杭州，于1881年在杭州创建广济医药专门学校。1925年"五卅惨案"后，部分爱国的广济医专师生脱离广济医专另立门户，后成立了浙江省立女子产科学校，郑企因任校长。1926年更名为浙江省立女子产科职业学校，不久后与新成立的浙江省立助产学校合办浙江省立女子助产学校。

抗日战争爆发后，杭州危急，学校于1937年11月迁至永嘉。1938年8月又迁至临海，后又至天台。1946年春学校回迁杭州，设有助产、护士、药剂、卫生四个专业。自1925年建校至1949年中华人民共和国成立的24年中，先后培养毕业生近千名，在省内外有较大的影响。

1952年下半年，学校更名为浙江省杭州卫生学校，学科设置发生了很大变动，助产科与护士科划出。1956年，学校迁至老浙大校址办学。1960年9月成立杭州医学院，中国科学院院长郭沫若为院牌题词。招收医疗系、卫生系、中医系及药专等新生，中专调整为药剂、检验、放射、卫生4个专业。1962年学校改为杭州卫生学校。1971年学校停办，1974年10月复校后易名为浙江省卫生学校。

1999年12月经浙江省政府批准独立筹建浙江医学职业技术学院。2002年定名为浙江医学高等专科学校。

学府遗珍

1926年校徽

23.中国新闻专科学校

1945年10月陈高镛创办了中国新闻专科学校,自任校长,储玉坤任教务长,聘请程仲文、盛叙功、王季深、张耀翔、王季思、费彝民等人分别教授新闻评论学、经济地理、新闻编辑、心理学、新闻写作等课程。

1946年10月到1948年出版了《中国新专校刊》。该校分普通班和研究班,研究班夜间上课。1949年5月停办,在校学生一部分并入复旦大学新闻系,一部分并入华东新闻学院。

1945年校徽

24. 中华工商专科学校

该校由中华职业教育社主办,以培养工商界实用技术人才为宗旨,1943年成立于重庆张家花园。1946年8月中旬,中华职教社将学校从重庆迁到上海,并以上海西爱咸斯路(今永嘉路)471弄3号蓉园为校址。10月20日,学校开学,设会计和银行两科。后又在市中心朱葆三路(今溪口路)增设分校以便职业青年就学,并借用中华职业学校的工厂供学生实习。1948年,学校募集资金,在永嘉路校址兴建大楼一幢,将分校迁入。开学后,学生人数达到700多名。

1949年7月,学校改组校董会,调整董事人选,由黄炎培担任董事长。同年秋,学校又添设五年制的机械工程科,1950年中华职教社迁往北京,原有雁荡路80号的一部分社址拨交中华工商专科学校扩充为分校。学校应实际需要,增设了土木工程科,并将原工商管理科改为工厂管理科,以培养工厂管理干部。全校学生计870多名。学校还附设业余教学,设工、商科各种技术训练班,以普及职业教育。1951年9月,学校由中央人民政府轻工业部接管。同年10月,全国高等学校院系调整,中华工商专科学校各科分别并入交通大学、华东交通专科学校、同济大学、复旦大学和上海财政经济学院。

1946 年证章

1948 年教职员证章

25.中央高等汽车专科学校

中央高等汽车专科学校于1927年冬在上海创立。地址在当时上海法租界贝勒路761号,现在的黄坡南路。这是中国第一家综合性汽车专门学校,也是当时国内仅有的专业齐备的汽车学校。有高级汽车机械研究班,开设制图、汽车学、机械学、材料学、电学、数学等课程,培养汽车修理技师及制图师等人才;还有初级汽车机械班主要培养汽车驾驶、汽车修理等人才,两个研究班的学制均为一年。到1930年,该校共办高级班四期,初级班五期,毕业学员达千余人。

1928年校徽,中间为当时先进的汽车图案,车身上印有该校的法语校名的缩写,在徽章下部还印有学校当时的地址。现在学校也没有了,实地考察此处现在是一个卫生所

26.尊经国学专科学校

1944年在四川三台的东北大学文科教师丁山等人的努力倡议下成立了草堂国学专科学校,聘请四川大学教师蒙文通任校长。因蒙文通住在成都,不能长期留在三台,遂由杨向奎代校长,由蒙季甫负责具体事务。国专学校分文、史、哲三科,教师由东北大学教授兼任。叶丁易为文科主任,杨向奎为史科主任,赵纪彬为哲学科主任。他们讲授传统经学时已引入了历史唯物主义观点。后来国学专科学校内部分裂,一部分人主张迁往重庆北碚,另一部分人主张请蒙文通将学校迁于成都。1946年国学专科学校迁到成都金牛坝,因成都旧有尊经书院,为继承传统遂改名为私立尊经国学专科学校。校董事长为谢无量,校长为蒙文通,任课教师大都是四川大学和华西协合大学的学者,有彭芸生、文百川、萧萐父、吴天墀、曾义甫、冯汉镛、李英华、戴执礼等。有经学、文学、史学、哲学,学生百余人。1949年12月成都解放后,尊经国学专科学校停办,在校学生分别转入四川大学和华西协合大学相关的专业学习。

学府遗珍

1946年校徽

316

27.江苏省立女子蚕业学校

我国著名新闻工作者史量才于1903年在上海西门外高昌庙租赁房屋，创立了私立上海女子蚕业学堂。1911年，清朝江苏巡抚把学堂改为公立，并在吴县浒墅关筹建新校舍。1912年春，新校舍建成，学校由上海搬迁至浒墅关，并经江苏省政府批准，改校名为江苏省立女子蚕业学校，委任章孔昭为校长。学校初期仅设养蚕科，修业期四年。1924年，改名为江苏省高级蚕丝科职业学校。抗日战争全面爆发后，女蚕校学生停课。1938年，学校在上海设办事处，召集学生复课。1939年，学校迁到四川乐山复校，大专、中专并存。抗日战争胜利后，两校迁回浒墅关复课。1950年3月，原江苏省高级蚕丝科职业学校和江苏省立蚕丝专科学校合并为华东区公立蚕丝专科学校。1951年改称苏南蚕丝专科学校。1953年秋，全国高等院校院系调整，专科部分的养蚕专业、制丝专业先后调整并入浙江农学院蚕桑系，学校改名为江苏省浒墅关蚕丝学校，只办中专，1954年增设丝织科。1954年下半年，杭州工业学校、南通工业学校的制丝科并入了浒墅关蚕丝学校制丝科。1958年8月，学校恢复大专，更校名为苏州蚕桑专科学校。

学校风风雨雨百年，多次易名，为我国、为江浙蚕丝工业培养了许许多多人才，现在当地人尤其是上了年纪的人说起女蚕校仍是津津乐道。

学府遗珍

这枚徽章是1920年前后颁发的,圆形,银质,挂链式。章面上是一个"蠶"字("蚕"的繁体),见到就知道是蚕校的徽章,但是在"蠶"字上部分中间巧妙地加了一个"女"字,表明这是女蚕校。徽章为珐琅面,背面有商号"老裕仁"字样,这是当时无锡有名的银楼。近百年了,原来学校人数少,徽章数量自然也少,留存至今品相完美,稀有

六 1949年前后的革命学校徽章

在抗日战争、解放战争以及1949年中华人民共和国成立前后，党急需培养大批干部，于是在不同时期创办了一批军大、革命大学。这些学校在当时做出了重要贡献。由于是特定年代的产物，当时创办的军大、革命大学，虽然在学校数量上有一定规模，时间上距今也比较近，但它们存在的时间短，又经历了战争年代的纷乱，其校徽留存下来的并不多，给收藏这一时期的校徽增加了难度。在这特殊的年代，校徽的制作工艺多数比较简单，但所含意义重大。

这个时期的代表性的革命大学有：华东大学、华东军政大学、华东人民革命大学、南方大学、华北大学、湖北人民革命大学等。

1. 福建人民革命大学

　　1949年，福建解放，中共福建省委为培养大批地方干部，以适应革命形势迅猛发展的需要，决定创办抗大式的革命大学，成立了福建人民革命大学。1949年9月开学，1950年4月毕业，共招收2200多人。福建革命大学毕业的不少同学后来担任了各级党政部门的领导职务，其中有王一士、张明俊两位副省级干部，近50位厅级干部，处级干部300多人。还有的同学成为工程师、经济师、研究员、教授、作家、书法家等。他们成为建设新福建的一支突击队、主力军，为福建的革命和建设做出了重大的贡献。

1949年证章

2.广西人民革命大学

1949年12月,为了适应中华人民共和国成立初急需大批工作干部的现状,在广西尚未全省解放的情况下,广西省委在桂林德智中学旧址创办了广西人民革命大学,中共广西省省委书记张云逸任校长。

1951年8月,广西革大迁至南宁,接收西江学院和广西南宁高级农业职业学校,在津头村、西乡塘分设校部和办事处。为适应形势发展的需要,全国的大专院校进行了调整。1954年广西人民革命大学改为广西省人民政府行政干部学校。就此,广西革大胜利地完成了大批培训革命知识青年的历史任务。

在办学的四年中,广西革大共办了八期、四个专修科和两期研究生班,为国家培养、输送了约17000名干部,是广西在中华人民共和国成立初期革命干部的主要来源。

六　1949年前后的革命学校徽章

1949年证章

1951年毕业纪念章

3. 哈尔滨大学 东北人民大学

哈尔滨大学简称"哈大",前身是伪满洲国时期的"王道书院",东北解放以后改为国学院。1946年1月,改为私立哈尔滨大学,分设文、法、理三个学院。1946年9月,被东北行政委员会接收,改为公立大学,车向忱任校长,何礼为副校长。1947年为市立哈尔滨大学,以培养东北解放区建设事业所需的人才。学校当时有三个学院:文学院,有文学、音乐、美术、戏剧、俄文五个系;社会科学院,有教育、政治、经济三个系;自然科学院,有电机工程、化学工程、医学三个系。学校有学员近500人。各学院均设有预科,两年毕业,本科三年毕业。该校在重视思想教育的同时,也重视专业课教育,要求严格。该校于1948年6月撤销,与东北行政学院合并,改称为东北科学院。当时有学员300余人,除分配工作者外,分别并入东北科学院和兴山医大继续学习。1950年易名为东北人民大学。1958年,东北人民大学正式更名为吉林大学。哈大是东北解放区的高等教育的重要组成部分,它为解放战争和经济建设做出了贡献。

六　1949年前后的革命学校徽章

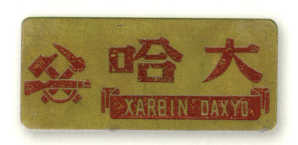

1946年哈大铜质证章，左侧图案为工农兵之意

1953年毕业纪念章

4.湖北人民革命大学

1949年6月中共湖北省委决定创办湖北人民革命大学，1949年7月，由江汉公学、鄂豫公学合并组建为湖北省人民革命大学，并决定由省委书记、省人民政府主席李先念兼校长，省委农民部部长程坦任校党委书记、副校长，王均予任校党委副书记、教育长。1949年6月，《湖北日报》《长江日报》同时登出招生广告，7月学生考试进校，8月正式开学。湖北革大从1949年6月创建，到1953年5月结束，历时四年，共培训干部15000多人。

湖北革大的办学任务：为湖北的社会改革和建设服务，解决干部严重缺乏的困境，培养合格的革命干部，加强湖北社会改革与建设事业的力量。始终坚持争取、团结、教育、改造的方针，始终坚持"团结、紧张、严肃、活泼"的校风，始终坚持一切课内课外活动，一切组织活动，都是为了使学员达到跟着共产党走、服从组织分配、忠诚地为人民服务三项基本要求。取得了很大的成功。

六　1949年前后的革命学校徽章

1952年证章

1950年毕业纪念章

1950年证章

1949年教职员证章

5.华北大学

1948年,解放战争不断取得胜利,党中央为迎接全国胜利,急需培养大批干部,筹划创办华北大学。

1948年5月,党中央决定,将华北联合大学与北方大学合并成立华北大学,由吴玉章任校长,范文澜和成仿吾任副校长。1948年8月下旬,华北大学开学。

1949年12月中央人民政府政务院决定成立中国人民大学,决定以华北大学为基础,合并中国政法大学,并调来华北人民革命大学部分干部创建了我国第一所新型综合性大学——中国人民大学。中国人民大学于1950年开学上课。

1948年布标,有校训:
忠诚、团结、朴实、虚心

六　1949年前后的革命学校徽章

1949年学校文工团徽章

1949年毕业纪念章

1949年铜质校徽

6.华北人民革命大学

全国解放前夕,党中央鉴于新中国成立需要有自己的干部队伍去接收旧政府人员,所以在当时划分的各大行政区(华北、华东、西南、中南、华南、东北)先后成立了革命大学,大量吸收知识青年入学。华北人民革命大学创立于1949年2月,校址设于北平西郊万寿山湖畔之西苑。1949年12月,中央人民政府政务院第十一次政务会议根据中央政治局的建议,通过了《关于成立中国人民大学的决定》。1950年10月,以华北大学为基础的合并了中国政法大学、华北人民革命大学组建的中国人民大学隆重举行了开学典礼,成为中华人民共和国创办的第一所新型的大学。

六 1949年前后的革命学校徽章

1949 年证章

1950 年证章

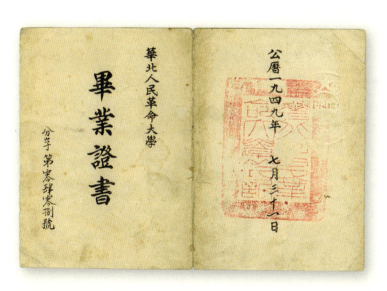

1949 年毕业证书

7. 华东大学

1948年中共中央华东局决定，以原临沂山东大学渤海地区的部分留守人员为基础，并集中原来的一些教师，会同华中建设大学的部分干部教师，在潍县组建成立华东大学，韦悫任校长，张勃川、李宇超任副校长。

学校从1948年5月开始筹建，6月招生，同年9月开学。首批共录取学生500余人。校址设在城东乐道院原来的教会学校。

1949年中国人民解放军取得了淮海、平津两大战役的胜利，并积极准备渡江作战，解放区的迅速扩大，急需大批干部，中共中央华东局和山东分局决定从华东大学抽调干部、学员组成工作队南下。2月，组成1500多人的工作队南下。此后不久，又有数百名干部、学生南下参加了革命工作。1949年5月，韦悫调任上海市副市长，华东大学校长由中共中央山东分局宣传部部长彭康兼任。

华东大学在为祖国的革命和建设输送干部的同时，也向着正规化大学过渡。1949年11月，华东大学的教育学院组成为山东师范学院（今山东师范大学）。

六　1949年前后的革命学校徽章

1948年校徽

1949年分校校徽

8. 华东军政大学

1946年11月，华中雪枫大学、山东军区军政学校、东江纵队以及淮南随营学校和山东军区通信学校五个单位统一改编为华东军事政治大学，并在山东省莒南县大店举行了学校成立大会暨第一期开学典礼，中央军委任命华东军区副司令员张云逸兼任校长，余立金、曾生任副校长。1949年7月，华东军事政治大学与三野军政干校合并，在南京成立新的华东军政大学，由陈毅任校长兼政委，校部设在南京市黄浦路（现在是南京理工大学）。1949年10月在南京孝陵卫举行了开学典礼。华东军政大学现由国防大学传承。

1949年华东军政大学证章

六 1949年前后的革命学校徽章

1950年华东军政大学毕业纪念章，上有"团结、紧张、严肃、活泼"的校训

9.华东人民革命大学

　　华东人民革命大学成立于1949年5月,共办学五期,并在江苏南京和浙江杭州开办了分校,在上海办了俄语专科学校、工农速中和妇女培训班。一期入学人数有4000多人,校舍是借用上海的部分大专院校暑期学校的教室和学生宿舍。1949年8月,在光华大学隆重举行了开学典礼,时任上海市长、华东军区司令员陈毅偕同饶漱石、冯定、范长江、舒同都在会上讲话。上海文教界知名人士陈望道、熊佛西等也都应邀参加了大会。由于革命形势发展需要干部,一期学习时间不长,仅一个半月就分配工作,其中有540余人参加西南服务团,奔赴刚解放的重庆。600名去东北管理工业建设,2000多名到浙江农村进行土改,其余的充实华东各地各部门干部队伍建设。

　　二期招生3000余人。学校搬迁到苏州阊门外原华东军大的校址。二期学习八个月后陆续分配到安徽、江苏等地农村,开展轰轰烈烈的土地改革运动。三期招生6000人,为抗美援朝、国防建设培养政治可靠人员,学习三个月后分别分配到空军以及陆军卫校、机要、气象等部门或学校深造。四期招生1200多人,学期七个月。五期招生900余人,学期五个月。四期学员及部分教职员都分配到新疆,成为中华人民共和国成立以来第一代开拓新疆的先锋,这些献出了一生的华东人,向他们致以崇高的敬意!

1949 年毕业纪念章

1949 年布标

六　1949年前后的革命学校徽章

10.华东新闻学院

1949年5月，上海解放，为了适应新上海的形势，迫切需要新形势下的新闻工作者。1949年7月，上海市军管会决定成立华东新闻学院，原中国新闻专科学校部分并入，由恽逸群任院长，王中为教务长。培养目的是让学生"在短时期内确立为人民服务的基本观念，为新民主主义革命事业而工作"。

学校招生第一期有500余人，8月1日开学。1949年12月，研究班招生200余名，1951年停办。当时上课内容有：辩证唯物主义、新人生观、中国革命问题、国内外形势、新闻业务与政策。

教师有恽逸群、王中、刘瑞龙、范长江、金仲华、胡风、魏文伯、王云生、石啸冲、孙晓村、顾执中等人。在学校短暂的办学时间里共培养了800余名适应当时新形势的新闻工作者。

六　1949年前后的革命学校徽章

1949 年第一届毕业纪念章

11. 黄埔军校 中央陆军军官学校

　　黄埔军校，建校初期名为中国国民党陆军军官学校。学校位于黄埔长洲岛，是第一次国共合作时期，孙中山在中共和苏联帮助下，为培养军事干部于1924年6月创办的。孙中山以"创造革命军，来挽救中国的危亡"为办校宗旨，以"亲爱精诚"为校训，学习苏联的建军经验，培养革命的军事人才。军校群英荟萃，名将辈出，在中国近代史和军事史上具有重要意义。军校学生曾多次参加过革命战争，为中国革命事业做出了重大的贡献。黄埔军校于旧址黄埔共办学七期，1927年迁往南京，改制为中央陆军军官学校，简称"军校""中央军校"。到1938年西迁成都，正期共办了八期。

六　1949年前后的革命学校徽章

20 世纪 30 年代校徽（含正反面）

学府遗珍

1930 年校徽

1928 年校徽

1930 年校徽

12.第二野战军军政大学

抗日战争胜利后,为推翻国民党政权,中国人民解放军以各地的抗日军政大学分校为基础,组建以训练和培养军政干部及地方青年学生为目的的军事政治大学,简称"军大"。

解放战争的飞速发展,新区范围的迅猛扩大,在这样的新形势下,以随营学校为基础招收一批新学员,成立军政大学。1949年4月,南京解放后,二野首长和领导机关进驻南京。经刘伯承、邓小平等首长决定,立即抽调干部充实和扩大军大机构,把有关军区的军政大学改称为第二野战军军政大学,刘伯承兼任校长和政委。当即以二野军大名义招收学生。经过考试,一个多月就录取了10000多名学生。多为知识青年。教育内容除了必要的军事知识和队列训练外,以政治教育为主。目的是让学员初步理解劳动观点、群众观点、阶级和阶级斗争观点等,初步树立科学的世界观和革命的人生观。让学员了解只有中国共产党领导才能使中国革命取得彻底、最后的胜利。

1949年10月,第二野战军进军大西南,军大随之西行。1950年8月学习结束,学校给每个学员发了毕业证书和上面有"团结、紧张、活泼、严肃"校训的二野军大毕业证章。

学府遗珍

1949年军大五角星证章

1950年毕业纪念章

模范学员奖章

13.南方大学

1949年,中国人民解放军相继解放南京、上海、武汉之后,在即将解放广州的日子里,中共中央决定成立华南分局,并于8月任命叶剑英为华南分局第一书记。在进行南下准备工作时,毛泽东多次找叶剑英商讨解放华南的重大事项。在谈话中,叶剑英提出了干部不足的问题。毛泽东指示叶剑英,华南解放后,要在南方办一个大学,取名南方大学,并亲笔题写了"南方大学"四个字。毛泽东亲笔题写的这四个字,后来一直铭刻在南方大学的校徽、校旗、校章、信件、校刊、证书、校门等相关物品上面。为了适应发展的需要,学校还培养了一批研究生,并在海南办了分校。

1952年学校停办,办学期间共招收学生近20000名,为中华人民共和国成立初期的革命事业建设做出了重大贡献。

南方大学第一枚校徽

学府遗珍

1950年 南方大学第一届毕业纪念章

1950年毕业证书

南方大学学员证章

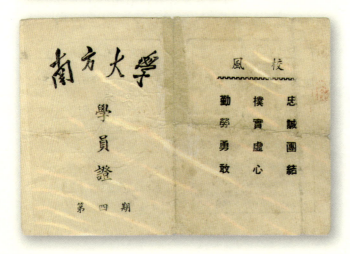

1952年学员证

六　1949年前后的革命学校徽章

1950年毕业证书

1949年南方大学布标

南方大学海南分校布标

14. 山西公学

　　山西公学是中国共产党领导下的一所干部学校。1948年冬，为了适应革命形势的需要，中共太原市委在榆次成立山西公学，并于太原解放后进驻太原。在1949年7月山西公学正式开学。山西公学所在的地方原来是个营盘，现为太原师范学院校址。山西公学为当地培养干部，它的创办有着重大的历史意义，它对每个学员而言都是一生难忘的。在这里接受党的系统教育，学习期间学员们参加了有关的工作，提高了自己的工作能力，为山西解放区的革命工作做出了贡献。1950年3月，学校改名为山西省行政干部学校，山西公学停止招生，前后共培养了近7000人。

1949年证章

1950年证章

15.西北军政大学

西北军政大学于 1948 年 7 月成立，校长由贺龙兼任，副校长由李长路、钟师统担任。西北军政大学校址在陕西省长安县终南山麓的玉曲镇。1950 年 1 月，西北军政大学停办，2 月迁到重庆与西南军政大学合并。

西北军大在一年半时间里为西北军区和当地培养了许多优秀的军政干部。在 1949 年 10 月中华人民共和国成立后举行的毕业典礼大会上，贺龙校长身着一身灰色军装，英姿挺拔，对毕业学员说："同学们好！你们经过半年的学习和训练，进步很快，我很高兴。现在，革命形势发展很快，我军各个战场捷报频传，蒋介石的反动统治很快就要完蛋了，全中国解放的日子即将到来！你们在军政大学的学习任务也将结束，会很快分配到各部队去，到斗争的第一线去。现在，部队正企盼着你们，希望你们到部队后，虚心向广大指战员学习，学习他们英勇顽强，吃苦耐劳，不怕牺牲，敢于战胜一切敌人的大无畏精神，只有老老实实和他们打成一片，拜他们为师，才能锻炼成长为一个坚定革命战士……要永远跟着共产党走，跟毛主席闹革命，把革命进行到底。"这段讲话是给学员们的动力和方向。

学府遗珍

1949年铜质毕业证章

16.西南人民革命大学

1950年3月，西南人民革命大学成立，这是为了"适应西南地区解放后的和平建设，团结、教育、改造广大社会知识青年，培养为国家建设服务的人才"而建立的党校性质的学校，由当时任西南军政委员会主席的刘伯承同志兼任校长。西南革大总校设在重庆红岩村郊和庞家岩，同时在四川成都、云南昆明、贵州贵阳以及川东、川南、川北、西康等城市和地区设立分校。当年第一期招收学员20000多人，生源由各机关、团体推荐，大部分是有志为人民服务的旧公教人员、失业文教人员、进步青年和具有高中以上文化程度的青年学生。西南革大继承和发扬延安抗大的革命精神，每期集中三个月的时间学习社会发展史、中国革命基本问题及时事政策，毕业后分配工作，让毕业学员投入到各项建设中去。在建校后不久，西南人民革命大学又肩负起另一项重要使命，即负责西南地区干部的培训工作。到1953年为止，数千名干部从这里毕业，走向西南地区和全国。

1950年毕业校徽

1950年毕业校徽

1951年西康分校毕业校徽

17.西南人民艺术学院

　　西南人民艺术学院原为晋绥军区所属西北人民艺术学校二部,1949年7月迁西安,改为西北军政大学艺术学院。1950年年初部分教职工及学生随军南下到重庆,创建西南人民艺术学院。

　　1953年全国高等学校院系调整时,成都艺专绘画科和实用美术科与西南人民艺术学院美术系合并,成立西南美术专科学校,1959年更名为四川美术学院。

1952年毕业纪念章

18.中央军事政治学校

1926年10月,北伐军光复武汉。为迎接革命大发展,满足政治、军事人才的需要,国民党中央先决定设政治训练班,后改为中央军事政治学校政治科。校址在位于武昌的两湖书院旧址。

1927年1月改名为中央军事政治学校武汉分校,仍由蒋介石担任校长,恽代英任总政治教官,兰腾蛟任总军事教官。2月正式开学,宋庆龄、孙科、吴玉章、董必武等出席开学典礼。3月,国民党二届三中全会决定,学校改校长制为委员制,由谭延闿、邓演达、恽代英三人组成常委,恽代英主持日常工作。后鉴于国民党中央和国民政府已迁至武汉,决定将分校定名为中央军事政治学校。

六　1949年前后的革命学校徽章

1927 年证章

19. 东北军政大学

中国人民解放军东北军事政治大学，简称"东北军大"。为了适应解放战争形势的需要，中国人民解放军以各地的"抗大"分校为基础，成立培养军地干部的军政大学。

1945年10月，"抗大"总校、第一分校和第三分校在吉林省通化地区成立东北军事政治大学。校长由林彪兼任、政治委员由彭真兼任，副校长为何长工。学校的教学内容主要有马克思列宁主义哲学、政治经济学和科学社会主义、毛泽东军事思想等；国内外形势和中国共产党的路线、方针、政策；解放战争的作战方针和作战原则以及实战技能等。

东北军政大学下设五所分校及两个支队。

东北军政大学吉林分校设在龙井，从1946年2月到1948年10月，共办了四期，培养了军政干部近5000名。为解放战争、剿匪、"土改"等革命活动做出了重大的贡献。

1949年7月，东北军政大学部分迁至武汉，称为华中军政大学。12月，华中军政大学易名为中南军政大学。

东北军政大学留下的部分，成立东北军事政治学校。1950年，改名为中国人民解放军第五高级步兵学校。

六　1949年前后的革命学校徽章

东北军政大学毕业纪念章，铜质。中间有骑兵图案，上面有"团结、紧张、活泼、严肃"字样

357

20.广东革命干部学校

中共广东省委党校创办于 1950 年 3 月,当时校名为中共中央华南分局党校,对外公开名称为广东革命干部学校,第一任校长是方方。1955 年改名为中共中央第六中级党校,1972 年改名为中共广东省委党校。广东行政学院的前身是 1962 年成立的华南师范大学干部专修科,1985 年 10 月经省人民政府批准成立广东省行政管理干部学院,1990 年 1 月改名为广东行政学院。2001 年 8 月根据省委的决定,广东行政学院与省委党校合并。

1952 年布标 A 面

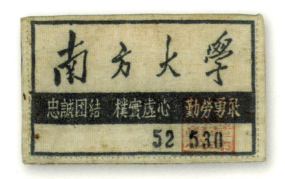

1952年布标B面。这枚广东革命干部学校红布标,在其另一面是南方大学蓝布标,在蓝布标右下角有广东革命干部学校红印章。这枚特殊的双面布标是因为1952年南方大学停办,尚有部分学员到干部学校完成学业者才有,现较罕见

1952年干部们在学校门口留影。此照与布标同属一个人

21.华北军事政治大学

抗日战争胜利以后,"抗大"为迎接新的任务,从而改编组建成军事政治大学。1945年冬以"抗大"第六分校为主成立晋冀鲁豫军区军事政治大学,刘伯承任校长,滕代远任政治委员,徐深吉任副校长。

1946年2月以"抗大"第二分校为主成立晋察冀军区军事政治学校,聂荣臻任校长和政治委员、朱良才任副校长。

1948年5月晋察冀军区军事政治学校和晋冀鲁豫军区军事政治大学合并,组建成华北军事政治大学,直属华北军区,叶剑英任校长和政治委员,萧克和曾涌泉任副校长,朱良才任政治委员。

1950年华北军事政治大学改组为中国人民解放军第六高级步兵学校。

这枚1950年的学校两周年纪念章,铜质,中间红色五角星上有枪与笔交叉的图案,一定程度上反映了学校的作用与性质。此枚校徽设计大气,品相完美

后　语

　　我从小喜欢收藏。1955年在上海上初中时，学校老师拿着集邮册给我们看，从中华人民共和国第一套纪念邮票、特种邮票开始整整齐齐排在本子上，真好！从此激起我集邮的兴趣。我这样一个普通家庭的孩子，几乎没有零花钱，只能省早饭钱，星期日去尚文路集邮摊，花一二分钱买一枚信销的邮票，从此开始了我的收藏生涯。到了20世纪90年代，我手头有了余钱便开始收藏钱币了。1998年一个周四上午在北京报国寺文化市场，我见一位摊主手里拿一枚大学校徽在讲故事，顿时领悟到了大学校徽有博大的文化底蕴，是一个非常好的收藏专题。从此我就下定决心要把大学老校徽集出名堂来！为此，我经常给藏友写信、打电话，甚至出差都要四处寻找大学校徽。后来互联网技术发达了，我自然成了网上的常客。我集藏大学老校徽，主要是从清末到1953年以前的中国老大学校徽。十多年了，有规模、有深度、有广度。近年我参加了报国寺文化市场藏品专题展，大学校徽第一次有了展示的机会。2014年北京收藏协会在首都博物馆组织了精品展，大学老校徽成功展示一个月，反响挺好，参观的人说没见过，也没想过有这么多，纷纷表示这种程度的大学校徽收藏展有水平，不容易！后来，我又在《中国收藏》杂志发表了文章《千枚大学校徽，百年高等学府》。

　　有人问我，写书的目的是什么？人来到世界，留下一点有意义的痕迹吧！

　　大学是高等学府，是古往今来莘莘学子向往的求学殿堂，是高级人才的摇篮。人类要进步，离不开大学的发展，大学培养出了许许多多国家的栋梁，是国家富强的保证。

　　这一枚枚大学校徽，见证了我国高等学府百年发展的历程。

　　大学校徽上的字体，可以说是一部书法的集萃。

　　大学校徽上的徽记，浓缩了学校的精华。

　　大学校徽上的校训，激励着千千万万学子成长。

　　在大学校徽的藏海里，汇聚了独特的丰富的文化氛围，是一本中国的大学史书，也是一种不可多得的知识与快乐的享受。

　　现展示的大学校徽主要是1953年以前的学府遗珍。在这里感谢在大学校徽集藏过程中对我有过帮助的朋友们，更望在今后多多相助，让大学校徽的集藏更系统、更全面。让大学校徽这朵新蕾绽放神州！致以崇高敬意！

　　本书在书写过程中，参阅了网络及书刊上的有关内容，有错误之处敬请指教。

　　本书在资料收集、编排、照相、打印、电脑应用等工序中得到了家人徐小越的帮助。最终成书是在出版社的合力帮助下得以完成。在此深表感谢！

徐一良

2017.03.08